中国古代大政治家的治国智慧

◎ 马平安 著

唐宗政风
以静治国与德化远人

中国文史出版社

图书在版编目（CIP）数据

唐宗政风：以静治国与德化远人 / 马平安著. --
北京：中国文史出版社，2021.12
（中国古代大政治家的治国智慧）
ISBN 978-7-5205-3168-9

Ⅰ.①唐… Ⅱ.①马… Ⅲ.①李世民（599-649）—生平事迹
Ⅳ.① K827=421

中国版本图书馆 CIP 数据核字 (2021) 第 181872 号

责任编辑：窦忠如

出版发行：中国文史出版社
社　　址：北京市海淀区西八里庄路 69 号院　邮编：100142
电　　话：010-81136606　81136602　81136603（发行部）
传　　真：010-81136655
印　　装：廊坊市海涛印刷有限公司
经　　销：全国新华书店
开　　本：787×960　1/32
印　　张：7
字　　数：118 千字
版　　次：2022 年 9 月北京第 1 版
印　　次：2022 年 9 月第 1 次印刷
定　　价：38.00 元

作者简介

马平安，1964年生，河南卢氏人，历史学博士，中国社会科学院近代史研究所研究员、中国社会科学院大学教授。出版著作《晚清变局下的中央与地方关系》《近代东北移民研究》《北洋集团与晚清政局》《中国政治史大纲》《中国传统政治的基因》《中国近代政治得失》《走向大一统》《传统士人的家国天下》《黄帝文化与中华文明》《孔子之学与中国文化》等30余部，发表文章50余篇。

总　序　治理国家需要以史为鉴

　　世上任何事情的出现,都是一种因缘关系在起作用的结果。

　　这套即将问世的政治家与中国传统国家治理智慧的小丛书,即是本人对中国传统政治与文化多年学习与思考后水到渠成的一种自然的结果。

　　从宏观上来看,国家的治理是一项十分复杂的系统工程。但如果将这一复杂性和系统性作抽象的归类,其基本内容则主要只有两项,也就是《管子·版法解》中所说的"治之本二:一曰人,二曰事"。这其中,人才是关系国家兴衰的第一要素,所以《管子·牧民》篇又说:"天下不患无臣,患无君以使之;天子不患无财,患无人以分之。"历史上,政治家对国家制度的探讨、官员的任用、民众的管理、财政的开发、外交的谋划、各种突发事件的应对及处理,等等,无不是对国家治理经验的丰富与积淀,而由这些内容所形成的政治文化,就成为中华民族文化中极其重要的组成部分。

中外古今大量历史经验表明，一个国家和民族的存在与发展，最根本的依赖是文化，以及由文化而产生出来的文化精神。民族的文化精神是一个国家和民族赖以生存和发展的支柱，是一个国家和民族的脊梁，代表着一个国家和民族的精气神。离开了文化和文化精神的支撑，该国家或民族的存在便无以为继。从周公到康熙皇帝，他们都是在中国乃至中华民族发展历史上作出了巨大贡献的杰出人物，他们缔造的政治制度、所展现的政治智慧，都成为中国文化精髓中的重要组成部分，对中华民族的传承与发展有着不可替代的支撑作用。

中国古人懂得总结历史经验教训的重要性，应该是从黄帝时代就开始了，但有明确文字记载的，则要从周人说起。

周人对历史经验的总结、回顾，从文王时代就已经有了明确的记载。《诗经·大雅·荡》篇引文王所说的"殷鉴不远，在夏后之世"，就是周文王针对殷纣王不借鉴也不重视夏后氏被商汤灭亡的教训所发出的叹惜。朱熹在其《诗集传》中说："殷鉴在夏，盖为文王叹纣之辞。然周鉴之在殷，亦可知矣。"文王一方面为殷纣王而叹惜，另一方面也以历史的经验教训作为周人的戒鉴。

殷商灭亡后，周武王、周公以及其他一些有为的周王和辅政大臣更是常常总结夏殷两代人的经验教训。这可以分成两个方面，一方面是对夏殷两代成功统治经验的总结以供学习、效法；另一方面是对夏殷两代执政者的罪过、错误和失败教训的总结以供戒惕。这种模式，可以说是开了中国人史鉴意识的先河。

　　周人思维的特征之一就是习惯以古观今，拿历史来借鉴、说明、指导现实以照亮未来前进的方向。周初统治者即是这种思维特征的代表人物。周公治理国家，不仅总结了夏殷两代失败的历史教训，而且还总结了夏殷先王成功的历史经验，并对这些经验予以高度的赞扬和汲取，从而开创了中国历史上的封建政治制度与建立了家国一体的文化意识。从《周易》《尚书》《诗经》《周礼》《仪礼》等若干先秦文献中，都可以看到周人具有的这种浓郁的史鉴意识。这种文化意识，深深地影响了中国人的文化与心理。

　　在现实生活中，我们在欣赏画作时，都知道每幅作品中藏着一个画魂，这个"魂魄"，往往代表了这幅画境界的高低与价值的大小。

　　以史观画，史学的作品，又何尝不是如此呢？

　　本丛书之"魂"，即是"传统国家治理的经验与教训"。这是一条古代政治家治理国家所汇集而成的波浪滔天、奔流不息的历史长河，在这条奔腾前行的河面上不时迸溅出交相辉映、绚丽夺目的朵朵浪花。

　　这也是一条关于中国古代治理智慧的珍珠玛瑙链，是对古代政治家治国理政智慧和务实政治原则的浓缩，是对古代统治者及关注政治与民生的政治思想家们勇猛精进所创造历史的经验教训的一种总结。

　　纵观中国古代治理史，夏、商、周三代，周公对国家的治理最具有代表性，他封邦建国，创建宗法制度、礼乐文化，以德治国，注重史鉴，对中国传统政治文化价值体系的形成和发展，有着独特的贡献。春秋时期，孔子对国家治理的思考与探索亦堪称典型。他把政治的实施过程看作是一个道德化的过程，十分强调执政者自己在政治实践中以身作则的表率作用，主张"礼治""德治""中庸"，十分强调统治者在治国理政中富民、使民、教民的重要性。战国时期，商鞅改革的成就史无前例。商鞅最重视国家的"公信力"，他主张用法治手段将国民全部集中于"农战"的轨道，"法""权""信"构成了他的治国三宝。在商鞅富国强兵政策的基础上，秦王嬴政实现了国家的统一。秦始皇所开创的中华帝制、郡县制，所拓展的疆域，进一步奠定了中华民族发展的基础。楚汉战争胜利后，刘邦建汉。作为一个务实且高瞻远瞩的政治家，他更具有史鉴意识，采用"拿来主义"，调和与扬弃周秦政治，他的伟大之处在于实行"秦果汉收"，兼采周公与秦始皇治国理政的长处，从而较好地解决了先秦中国政治遗产的继承和发展问题。汉武帝是继周公、孔子、秦始皇、汉高祖之后又一具有雄才大略的不世之主。他治国理政兼用王霸之道，在意识形态上采取文化专制主义，尊崇儒术，重视中央集权以及皇权的建设。三国两晋南北朝时期，因为分裂与战乱，这一时期鲜有在国家治理方面高水平的大政治家，其间尽管有曹操的挟天子以令诸侯、在北方开辟屯田；诸葛亮治理西蜀与西南地区，但皆无法与统一强大王朝的治理体系与能力相媲美。唐宋时代，唐太宗、宋太祖对国家的治理堪为后世示范。唐太宗的三省制衡机制、宋太祖对文官制度的重视与建设都很有特色。北宋后期有王安石变法，但这种努力以失败而告终，非但没有能够挽救北宋王朝，相反倒十足加剧了北宋的动荡与灭亡。明代中后期，统治者一直在寻找振兴之路，其中以张居正新政最具代表性。张居正治国理政所推行的考成法与一条鞭法，为后来治国者的治吏与增加财政收入提供了经验教训。清朝前期，康熙皇帝用理学治国，用各民族团结代替战国以来的"长城线"边防思维，今天中国五十六个民族、幅员辽阔的疆域领土、大国的自信，等等，都是那个时候奠定的。康乾盛世是中国古代五大盛世中成就最高的盛世，康熙皇帝治国理政的经验教训值得总结。

从历史上看，历代帝王圣贤皆重视治国理政、安民惠民，这是经济义理之学所以能成为中国传统文化核心特征的一大重要因素。

笔者以为，在追求学问之路上，大致可以分为四重境界来涵养：

第一重境界，专业之学。也可以称为职业之学，是人们讨生活、养家庭，生存于天地、社会间必具的一门专业学问。只要努力与坚持，人人可为，尽管会有程度高低不同。

第二重境界，为己之学。也可以说是兴趣之学、爱好之学、养基之学。对于这种学问，没有功利，不为虚名，只为爱好而为之。

第三重境界，立心之学。在尽可能走尽天下路、阅尽阁中书，充分汲取天地人文精华的基础上，立志尽己之能为人间留一点正能量的东西，哪怕是炳烛、萤火之光。

第四重境界，治国平天下之学。这种学问在实践上有诸多苛刻条件的限制，无职无位无权者很难走得更远；在理论上也需要有远大抱负、超凡脱俗之人来建树。做这种学问的目的，在于"为万世开太平"，为民族为国家之繁荣富强，为民众之安康福祉，生命不息，追求不已。

从格局上看，古人读书写作多非专职，由兴趣爱好适意为之，因为不是为了"衣食"，故以"为己"之学为多，其旨意亦多追求"立德立功立言"，在著作上讲究"经济义理考据辞章"。窃以为，古人眼中的"经济"，远不是今人所说的"经济"。"经"者，经邦治国；"济"者，济世安民也。经邦治国，济世安民才是古人心中的"经济"之学。"义理"是追求真理，为世人立心，替生民立命。"考据"重在材料在学术研究中的选择及运用。"辞章"则是重视文采的斑斓与华丽。对"经济""义理"的向往和追求是国人的动力，是第一位的。孔子曰："言而无文，行之不远。"此"文"说的就是"经济""义理"。"考据"需要勤奋、细心、谨慎、坚持就可以做到。"辞章"则往往与人的天赋与性格关系很大，千人千面，很多不是通过努力就能达到的。姚鼐在《述庵文钞·序》上说："余尝论学问之事，有三端焉，曰：义理也，考证也，文章也。"章学诚在《文史通义·说林》中说："义理存乎识，辞章存乎才，征实存乎学。"今天，如何学习与继承中国古人优良的著述传统，在生活实践中树立"修齐治平""家国天下""立德立功立言"三不朽意识，将"经济义理考据辞章"融会贯通，目前还有很多值得努力的地方。

从学术角度言，一部好的史学作品，离不开对史料的抉择与作者论述的到位。资料的充实、可靠，作品的立意高格、布局得体是形成一部好作品的必要条件，尤其是资料是否充实、可靠更是研究工作的基础。很明显，本丛书的立意布局都需要充实的资料来讲话。不幸的是，中国虽然是一个历史大国，然而扫去历史的尘埃，一旦进入相关领域认真搜寻探究，就会发现，史料的不足与缺乏成为制约史学作品完善与深入的瓶颈。从现有资料看，研究周公治国主要有《周易》《今古文尚书》《周礼》《仪礼》等；商鞅有《商君书》、出土的文物、《史记》等，孔子有五经、《论语》等；秦始皇有《史记》中的《秦始皇本纪》《秦本纪》，以及一些出土的秦简、文物等；汉高祖、汉武帝有《史记》《汉书》及汉人留下的一些著作；唐太宗有《贞观政要》《新唐书》《旧唐书》等；宋太祖有《宋史》《续资治通鉴长编》《续资治通鉴》等；王安石有《王安石全集》《宋史》《续资治通鉴长编》等；张居正有《张太岳集》《明史》《明实录》等；康熙皇帝有《康熙政要》《清史稿》《康熙起居注》《清实录》等，可作为参考。但说实话，这些资料仍然很不够，一句话，资料的缺乏与不足影响了本丛书认识与探索的空间，这也是美中不足、无何奈何的事情。

此外，史学作品要求一切根据资料讲话的特点，也决定了其风格只能是如绘画中的工笔或白描，而不能采用写意的手法，随意挥洒，这也影响了作品的表达形式。

本丛书是为人民大众服务的，首先，需要风格活泼、生动、有趣味，文字通俗、流畅、易懂、可读；其次，力求作品的学术性、严肃性与准确性。也许，只有在坚持学术性、严肃性与准确性的前提下，把学究式的文风变成人民大众喜闻乐见的文风，才能收到更广泛的社会效应。但我深知，很多地方还远远没有做到。"路漫漫其修远兮，吾将上下而求索。"大众学术一直是笔者努力的方向。

目前，中国正在进行伟大的变革，如何推进国家治理体系和治理能力现代化，这既是全面深化改革的热点，更是一个难点问题。在中国这样一个具有悠久历史和文化传统的国度里，我们必须遵循中华民族自身的发展规律，循序渐进地向前迈进。

习近平总书记指出："一个国家选择什么样的国家制度和国家治理体系，是由这个国家的历史文化、社会性质、经济发展水平决定的。"这提醒我们，中国的发展道路具有中国自身特色，实现中国国家治理现代化，离不开中国历史传承和文化传统，离不开中国经济社会发展水平，离不开中国人民自己的选择。

历史与文化是"民族的血脉，是人民的精神家园"，历史不能割断，实现中国国家治理现代化，需要中国"历史传承和文化传统"，源于"古"而成就于"今"，从中国古代的政治实践中汲取有益的营养，努力探寻传统文化的现代转化，为构建当今和谐社会提供借鉴，这是本丛书问世的目的所在。

希望这套小丛书能够多少帮助到对中国古代政治史感兴趣的人们！

作者 2020 年底于京城海淀

目 录

前　言　帝王楷模

唐太宗李世民是继汉武帝之后中国历史上又一位杰出的政治家。在他统治时期，政绩可圈可点，"政化良足可观，振古而来，未之有也。"①他一手启动了大唐盛世之门。他的某些政治理念与作为超过了前人，实可为中华政治作万世师表。

一、正确处理君民关系的典范

唐朝建立后,如何处理好君民关系以实现李唐王朝的长治久安? 这是统治者必须解答,而且还要必须答好的政治课题。

唐太宗以史为鉴,明智地认为:"君依于国,国依于民。"②君主的地位系于国之存亡,国家的盛衰系于民之苦乐。他从

---

① （唐）吴兢撰：谢保成集校：《贞观政要集校》序，中华书局 2009 年版，第 7 页。

② （宋）司马光编：《资治通鉴》卷 192《唐纪八》"丙午，上与群臣论止盗"条，中华书局 1956 年版，第 6026 页。

四个角度论证了民本论及贯彻重民政策的重要性。

其一，立君为民。

《尚书》中就有天佑下民而作君师说。立君为民，君为民主，这个思想一直是公认的"设君之道"。荀子说："君者，民之原也，原清则流清，原浊则流浊。故有社稷者而不能爱民，不能利民，而求民之亲爱己，不可得也。"①唐太宗认同这种说法，认为"天之助民，乃是常道"②；古之帝王为政，"以百姓之心为心"③。天立君的目的是让他做民之主，为民之父母，因此爱民养民是为君之第一要义。唐太宗赞同"以一人治天下，不以天下奉一人"④的观点，他曾亲口说过："为君之道，必须先存百姓。"⑤这种思想在充分肯定天下应由君主一人主宰的前提下，承认君主必须为天下众生谋福利，必须以安定民生为政之大本，而不能利用权势地位谋取个人利益，更不能横征暴敛，剥夺民众，安享天下的供奉。君主"不恤民事"属失道之举，严重者将丧失为君的条件。天下为公、立君为民的"设君之道"，既是民本论的重要命题之一，又

---

① （战国）荀况著，（清）王先谦集解：《荀子集解》卷8《君道篇第十二》，中华书局1988年版，第234页。

② 杜泽逊主编：《尚书注疏汇校》注疏卷13《大诰第九》，中华书局2018年版，第1900页。

③ （唐）吴兢撰，谢保成集校：《贞观政要集校》卷1《政体第二》，第29页。

④ （唐）吴兢撰，谢保成集校：《贞观政要集校》卷8《论刑法第三十一》，第432页。

⑤ （唐）吴兢撰，谢保成集校：《贞观政要集校》卷1《君道第一》，第11页。

是论证有关的君主规范的主要依据。

其二，民养君。

《论语》中即有富民足君之说。这种思想有着古老的渊源。"百姓足，君孰与不足？百姓不足，君孰与足？"[1]这是隋唐帝王论及重民政策时常引用的一句话。唐太宗深知"日所衣食，皆取诸民者也"[2]。民众是赋役之源，国家财政依赖民众，"若损百姓以奉其身，犹割胫以啖腹，腹饱而身毙"[3]。承认民养君这一客观事实，循着君主与国家、国家与财政、财政与社会生产、社会生产与民众的关系链，推及民众在君主政治中的基础作用，这是传统治国论中民本思想的基石。

其三，民择君。

在唐太宗看来，"天子者，有道则人推而为主，无道则人弃而不用，诚可畏也"[4]。荀子说："庶人安政，然后君子安位。传曰：'君者，舟也；庶人者，水也。水则载舟，水则覆舟。'此之谓也。"[5]这是自先秦以来获得大众共识的政治理念。唐太宗认为，民众是一支令人敬畏的政治力量。得

---

① （梁）皇侃撰：《论语义疏》卷6《颜渊第十二》，中华书局2013年版，第308—309页。

② （宋）司马光编：《资治通鉴》卷192《唐纪八》"乙酉，上面定勋臣长孙无忌等爵邑"条，第6023页。

③ （唐）吴兢撰，谢保成集校：《贞观政要集校》卷1《君道第一》，第11页。

④ （唐）吴兢撰，谢保成集校：《贞观政要集校》卷1《政体第二》，第34页。

⑤ （战国）荀况著，（清）王先谦集解：《荀子集解》卷5《王制篇第九》，第152—153页。

民心者得天下，失民心者失天下。他们把帝王君临天下比作以腐朽的缰索驭使六驾马车，随时会索绝马逸，车毁人亡，怎能不叫人心惊胆战？君主治民应该存高度的爱护与敬畏之心，在治理实践中要敬之畏之，谨之慎之，如临深渊，如履薄冰。在中国古代社会，民众造反与弃君择君是王权再造机制中最重要的主观因素，是促进王朝更替和君主政治自我改造的主要动因。历史一再重现民众载舟覆舟的身影，使得唐太宗深刻地认识到："但有黎庶怨叛，聚为盗贼，其国无不即灭。人主虽欲改悔，未有重能安全者。"①治理民众问题事关国家兴亡、君主安危，所以是政治之本。这一认识是促使历代统治者认同民本论的主要原因。

其四，民归于君。

自先秦以来，君民一体就是民本论的主要论点之一。君有赖于民，而民归于君，二者之间既存在着明显的等级差别和矛盾，又有和谐统一的必要性与可能性。唐太宗君臣认为，"天下无不可理之民"，②治乱兴亡之机必须把握在君主手里。他根据自己在隋唐兴替之际的亲身体验，发现即使在天下动荡的时期，民众之中"欲背主为乱者"也极少，谋夺天下者更少。尽管天下大乱，民众仍然"思归有道"，可见导致动乱的主要

---

① （唐）吴兢撰，谢保成集校：《贞观政要集校》卷6《论奢纵第二十五》，第358页。

② （唐）吴兢撰，谢保成集校：《贞观政要集校》卷5《论诚信第十七》，第297页。

原因是"人君不能安之。"[1] 民众最终要归顺于某个君主，谁实行王道仁政，谁就可以赢得民心，所谓"林深则鸟栖，水广则鱼游，仁义积则物自归之"。[2] 唐太宗还从历史的教训和亲身的体验中领悟到这样一个重要经验："得民心者得天下"，"王者之兴，必乘衰乱"，[3]"天下嗷嗷，新主之资"。[4] 当此之际，谁实行重民政策，谁就能夺取帝位，进而巩固政权。

二、正确处理君臣关系的典范

唐太宗认为，在治国行政上，应君臣一体。他说："朕方以至诚治天下，见前世帝王好以权谲小数接其臣下者，常窃耻之。"[5]

唐太宗的君臣关系说可以概括为以下几点。

其一，君不可以独治说。

①　（后晋）刘昫等撰：《旧唐书》卷75《张玄素传》，中华书局1975年版，第2639页。

②　（唐）吴兢撰，谢保成集校：《贞观政要集校》卷5《论仁义第十三》，第253页。

③　（宋）欧阳修、宋祁撰：《新唐书》卷96《唐玄龄传》，中华书局1975年版，第3855页。

④　《全唐文》附《唐文拾遗》卷13虞世南《论略》，（清）陆心源辑，中华书局1983年版，第10501页上。

⑤　（宋）司马光编：《资治通鉴》卷192《唐纪八》"有上书请去佞臣者"条，第6035页。

唐太宗在长期征战与治理中深刻地认识到：治理国家，单靠君不可能完成，必须依靠臣的协助。君与臣的关系犹如元首与股肱、船夫与舟楫、飞鸟与羽翼、大厦与栋梁的关系，彼此相须一体。唐太宗说："每事皆自决断，虽即劳神苦形，未能尽合于理"①。"重任不可独居，故与人共守之。"②从政治结构和政治运作的高度，承认了君对臣的依赖性和臣对君的相对制约的必然性和必要性。

其二，君臣合道。

在唐太宗看来，"以天下之广，四海之众，千端万绪，须合变通，皆委百司商量，宰相筹画，于事稳便，方可奏行。岂得以一日万机，独断一人之虑也。"③这一认识的基本思路是：君与臣是依据道或道义结为统一体的。君有君道，臣有臣道，二者又统一于道。君与臣必须以道来规范各自的思想和行为，共同实现"天下有道"的理想政治。唐太宗认为，君与臣是道义的结合，君应依靠臣"弼成王道"，臣应"论道佐时"，辅弼君主。"君臣一体"方能"君臣上下，各尽至公，共相切磋，以成理道"④。君臣皆以道自守，以道相和，才能实现君臣和谐，天下大治。

---

① （唐）吴兢撰，谢保成集校：《贞观政要集校》卷1《政体第二》，第31页。
② 王双怀、梁克敏、田乙编撰：《帝范臣轨校释》，《帝范》卷1《建亲第二》，陕西人民出版社2016年版，第23页。
③ （唐）吴兢撰，谢保成集校：《贞观政要集校》卷1《政体第二》，第31页。
④ （唐）吴兢撰，谢保成集校：《贞观政要集校》卷2《求谏第四》，第85—86页。

其三，君臣师友。

这是君臣合道说的推论和补充。其基本思路是："帝者与师处，王者与友处，霸者与臣处。"①君应以有道德、有智慧、有才能的臣下为师为友，以实现君臣相须一体，"和同盐梅""形如鱼水"。师友说是合道说的人格化，获得许多帝王的认同。如唐太宗曾发布《建三师诏》，列举历史典故，指出：古代的"明王圣帝"皆有师傅而功业卓著。当今"智不同圣人"的君主若无师傅教诲、辅佐则不可治天下②。他把魏徵等忠良之臣比为师友、良工、良冶和镜鉴，留下许多君臣际遇的佳话。

其四，君臣利害攸关说。

既然君臣同体合道，那么君臣必然利害攸关。君臣政治统一体的中介不仅有亲情、道义，还有利害关系。唐太宗认为："君臣本同治乱，共安危"，"君失其国，臣亦不能独全其家"。③从历史过程看，君与臣是以权与利为中介而结为政治统一体的。君强臣弱、利害一致时，君臣系统会趋于协调和稳定。然而，一旦君弱臣强或利害背反，两者就会化为仇敌。对此，李世民有着清醒的认识。他指出："子不肖则家亡，臣

---

① 《全唐文》附《唐文拾遗》卷13虞世南《论略》，（清）陆心源辑，第10501页上。

② （清）董浩等编：《全唐文》卷7唐太宗《建三师诏》，第87页下—88页上。

③ （唐）吴兢撰，谢保成集校：《贞观政要集校》卷3《君臣鉴戒第六》，第147页。

不忠则国乱。"① 这就需要君主掌握极其微妙的统治术。

其五，君主臣辅。

"君为政本"是君臣一体论诸命题的基本前提。在君臣统一体中，君主居于主导地位，臣居于从属地位。君主臣辅说是中国古代君臣关系论的一般结论。君主臣辅说的主旨可以归结为两条：一是臣不得染指理应属于君主的一切特权。即"杀生威权，帝王之所执，而宪章法律，臣下之所奉"②，对于君命，臣下必须绝对遵从。二是君臣共治乱，而君的作用更关键。在君臣关系中君居于主导地位、臣居于辅助地位。唐太宗赞成魏徵这样的观点："君治则善恶赏罚当，臣安得而乱之！苟为不治，纵暴愎谏，虽有良臣，将安所施！"③ 他指出："君，源也；臣，流也；浊其源而求其流之清，不可得矣。"④

三、成功治国理政的典范

唐太宗深知，民是"治乱之本源"，君如舟，民如水，

---

① 《晋书》卷3《武帝纪》附《晋武帝总论》，唐太宗御撰，中华书局1974年版，第82页。

② （清）董浩等编：《全唐文》卷147颜师古《论薛子云等表》，第1490页。

③ （宋）司马光编：《资治通鉴》卷196《唐纪十二》"上问侍臣曰"条，第6183页。

④ （宋）司马光编：《资治通鉴》卷192《唐纪八》"有上书请去佞臣者"条，第6035页。

民载舟还是覆舟，取决于君主的政治举措是否得当。"民可亲近，不可卑贱轻下，令其失分，则人怀怨，则事上之心不固矣。民惟邦国之本，本固则邦宁，言在上不可使人怨也。"①因此，他不仅确定了"理天下者，以人为本"②的政治方略，还提出了系统的重民政策原则。主要有以下几点。

其一，治民以静。

唐太宗主张"为政之本，贵在无为"③，把君主无为奉为最高的德治典范。作为治民方略的无为论，强调一个"静"字。治民犹如防水，"善为水者，引之使平，善化人者，抚之使静"④，"静之则安，动之则乱"，⑤千万不要把民众这潭水激化成冲决堤防、颠覆舟船的狂涛巨浪。实现"静"的关键是"君能清静"⑥"俭以息人"⑦，即顺应自然规律，节制个人欲望，尽量减少对农事的干扰和对庶民的索取，实行"与民休息"的政策，具体做法是尚节俭、慎用兵、薄赋敛、轻刑罚等等。

其二，施惠于民。

唐太宗主张君主必须体察民情，顺应民心，关心民瘼，

① 　杜泽逊主编：《尚书注疏汇校》注疏卷 7《五子之歌第三》，第 985 页。

② （唐）吴兢撰，谢保成集校：《贞观政要集校》卷 3《论择官第七》，第 161 页。

③ （后晋）刘昫等撰：《旧唐书》卷 51《后妃传上》，第 2168 页。

④ （唐）魏徵等撰：《隋书》卷 73《循吏传·史臣曰》中华书局 2019 年版，第 1893 页。

⑤ （后晋）刘昫等撰：《旧唐书》卷 71《魏徵传》，第 2554 页。

⑥ （唐）吴兢撰，谢保成集校：《贞观政要集校》卷 1《政体第二》，第 41 页。

⑦ （后晋）刘昫等撰：《旧唐书》卷 74《马周传》，第 2617 页。

以德政施惠于民。如此施政，一可缓和君欲与民欲的矛盾。
"帝王所欲者放逸，百姓所不欲者劳弊"，二者之间有矛盾。
解决矛盾的方法是君主"节己以顺人"，①千万不能"损百姓
以适其欲"。②二可调整国富与民富的矛盾。"百姓不足，君孰
与足"，因此"贮积者固是有国之常事，要当人有余力而后收
之"③，横征暴敛，只会激起民怨，导致君富而国亡。唐太宗
推行重农政策，如推行均田，奖励垦荒，兴修水利，设置义
仓，增殖人口，发展生产等等即是他的惠民政策的具体表现。

　　其三，不竭民力。

　　唐太宗重民政策的基石是"悦以使人，不竭其力"④。这
一政策核心内容是节制劳役征发和赋税征收。国家征收赋役
的数量不能超越民众的承受能力，否则"竭泽而渔，非不得
鱼，明年无鱼。焚林而畋，非不获兽，明年无兽"⑤。唐太宗
以形象的比喻揭示了这个政策原则的思维逻辑：马"能代人
劳苦者也，以时消息，不尽其力，则可以常有马也"⑥。君
民关系犹如人马关系，君重民犹如人重马。民是赋役的人格

---

① （唐）吴兢撰，谢保成集校：《贞观政要集校》卷6《论俭约第十八》，第320页。

② （唐）吴兢撰，谢保成集校：《贞观政要集校》卷1《政体第二》，第29页。

③ （后晋）刘昫等撰：《旧唐书》卷74《马周传》，第2617页。

④ （后晋）刘昫等撰：《旧唐书》卷71《魏徵传》，第2551页。

⑤ （唐）吴兢撰，谢保成集校：《贞观政要集校》卷2《纳谏第五附直言谏争》，
第117页。

⑥ （唐）吴兢撰，谢保成集校：《贞观政要集校》卷4《教戒太子诸王第十一》，
第213页。

化，君主不竭民力，才能年年向民众索取源源不绝的赋役。

其四，以农为本。

在传统农本社会中，农业发展与否关系国家的兴亡、政权的稳定与民众和政府的关系好坏。从《贞观政要·务农》《帝范·务农》等记载来看，农为政本论的主要依据有三：一是食乃民天，农业的丰歉会直接影响民生，进而影响政治的盛衰安危。二是农业为国家财政的主要来源，农业的兴衰关系到财政的盈亏和国家的强弱。三是务农与赏罚一样是"制俗之机"①，民众一心务农则性格纯朴，遵守礼义，否则就会贪残、骄逸。因此，重农不仅是一项重要的经济政策，而且是一项重要的化民之术。正如唐太宗所说："禁绝浮华，劝课耕织，使人还其本，俗反其真，则竞怀仁义之心，永绝贪残之路。此务农之本也。"②

其五，调整官民关系。

唐太宗认为，官吏贪赃枉法、鱼肉百姓是导致隋末民溃民乱的重要原因，因此自觉把限制官僚法外侵民作为施政重点之一。唐太宗曾发出"民乐则官苦，官乐则民劳"③的感

---

① 王双怀、梁克敏、田乙编撰：《帝范臣轨校释》，《帝范》卷4《务农第十》，第100页。

② 王双怀、梁克敏、田乙编撰：《帝范臣轨校释》，《帝范》卷4《务农第十》，第99页。

③ （宋）李昉等撰：《太平御览》卷591《文部七·御制上》引《唐书》，中华书局1960年版，第2661页下。

慨，清醒地认识到调整官民矛盾是一个十分棘手的问题。作为一项重要的重民政策，唐太宗慎选临民官，并以行政、监察、立法、司法手段整饬吏治，严肃风纪，限制官僚豪强法外侵民。但是，这些措施并不意味着改变官民之间的主从关系。当魏徵指出绝对不容许"百姓强而陵官吏"[1]时，唐太宗就明确表示了支持的态度。

　　唐太宗通过对传统的民本思想集萃式的理论加工和面向实际的政治实践，把民本论发展到一个新的高度。他的重民政策在唐初政治上取得了巨大成功，并为开创中国古代社会的鼎盛时代作出了重大贡献。这个历史现象说明：民本论不是君主政治的对立物，而是统治思想的重要构成要素之一[2]。

　　总之，时代发展到唐朝，中国政治气象已经比较完善。大唐气象不是一句空话，而唐太宗在治国理政上的智慧与实践，则是促成这一气象出现的重要因素。唐太宗的治国思想与实践，以及他的帝王风范，为后世君主治理国家提供了一个比较合理的范式。

---

　　[1]　（宋）司马光编：《资治通鉴》卷195《唐纪十一》"初，陈仓折冲都尉鲁宁坐事系狱"条，第6157页。

　　[2]　参见刘泽华、葛荃主编：《中国古代政治思想史》（修订本），南开大学出版社2001年版，第350—356页。

第一章 "览前王之得失"

　　唐王朝是在隋末农民战争的废墟上建立起来的,一个"甲兵强盛""风行万里"的隋王朝为什么短短两代就"率土分崩""子孙殄灭"了呢? 这对亲眼目睹其事、记忆犹新的唐太宗来说,不能不加以重视与反思。隋朝统治者在夺取政权后骄奢纵欲,缺乏忧患长远意识,所以瓦解消灭于一旦。唐太宗说:"此皆朕所目见,故夙夜孜孜,惟欲清静,使天下无事。遂得徭役不兴,年谷丰稔,百姓安乐。"有鉴于此,唐太宗十分重视对《隋书》的修撰,任命魏徵为主编,由他负责来撰修《隋书》。魏徵体会唐太宗的意图,认真总结隋亡的原因,又将亡隋与亡秦作了比较,指出:"隋之得失存亡,大较与秦相类。"故唐太宗以隋亡为鉴戒的同时,亦以秦二世而亡为鉴戒。他曾自我警戒说:"秦始皇平六国,隋炀帝富四海,既骄且逸,一朝而败,吾亦何得自骄也。言念于此,不觉惕焉震惧。"秦、隋为什么二世而亡,这是发人深思的问题,唐太宗君臣重视以史为鉴,究秦、隋之得失，其目的即在于防止前车之鉴，努力将国家治理的事业臻于至善。纵观贞观年间唐太宗实行文治的种种举措，几乎无不与总结历史经验与教训相联系。

一、以古为镜，重视修史

唐太宗有句名言："以铜为镜，可以正衣冠；以古为镜，可以知兴替；以人为镜，可以明得失。"①

"以古为镜，可以知兴替"，正是唐太宗重视以史为鉴的重要表现。

"以古为镜"也就是以史为鉴，注意从过去历代王朝治乱兴亡中总结与汲取历史经验教训，以为现实政治服务。唐太宗治理国家的一个重要内容，就是注重以史为鉴。贞观年间统治者的史书编纂，以史辅治，以汉文为师，以秦隋为诫，辨两晋之得失，考前朝之兴亡，无不是将国家治理建立在对历史经验教训的总结与运用方面。

唐太宗是中国历史上十分重视以史为治的传统帝王之一。他喜欢议史、读史，并从中总结古为今用的历史经验。贞观之治的目标在致治，致治的途径是多方面的，其中重要的一条是对历史经验的总结，这就涉及"治"与"史"的关

---

① （后晋）刘昫等撰：《旧唐书》卷71《魏徵传》，第2561页。

系。"治",立足于现实;"史",着眼于过去。以史辅治,也就是以古鉴今。这是唐太宗"所以披镜前踪,博览史籍"①的主要动因。

唐太宗是个读史成癖的帝王,他于理政之暇,或同大臣"共观经史"②,或单独"披览忘倦,每达宵分"③,希望从阅读的史籍中寻找治理天下的经验借鉴。贞观初期,唐太宗欲拨乱反正,使天下大治,于听政之暇,经常与群臣议论古今治乱兴亡之道。贞观中,黄门侍郎刘洎称颂他"听朝之隙,引见群官,降以温颜,访以今古"④。从这些字里行间,透露了唐太宗夜以继日地与大臣们以史为鉴,共臻致治的政治热忱。岑文本赞扬唐太宗"览古今之事,察安危之机"⑤,并非全是溢美之辞。

对唐太宗来说,最切实的读史借鉴莫过于历代帝王的嘉言懿行了。贞观初,他配合励精图治的需要,指示魏徵、虞世南、萧德言等,袞次经史百氏帝王所以兴衰者,成《群书治要》五十卷。唐太宗读后嘉奖说:"使我稽古临事不惑者,公等力也!"⑥及至贞观十四年(公元640年),他对房

---

① 王双怀、梁克敏、田乙编撰:《帝范臣轨校释》,《帝范》序,第4页。
② (后晋)刘昫等撰:《旧唐书》卷72《虞世南传》,第2566页。
③ (唐)吴兢撰,谢保成集校:《贞观政要集校》卷1《君道第一》,第18页。
④ (后晋)刘昫等撰:《旧唐书》卷74《刘洎传》,第2610页。
⑤ (后晋)刘昫等撰:《旧唐书》卷70《岑文本传》,第2537页。
⑥ (宋)欧阳修、宋祁撰:《新唐书》卷198《儒学上·萧德言传》,第5653页。

玄龄说："朕每观前代史书，彰善瘅恶，足为将来规诫。"①
贞观中，他在《答魏徵上群书治要手诏》中说："览所撰书，
博而且要，见所未见，闻所未闻，使朕致治稽古。"②贞观晚
年，唐太宗还在《金镜》里指出自己要做有道明君、不做无
道暗主。他说："朕以万机暇日，游心前文，仰六代之高风，
观百王之遗迹，兴亡之运，可得言焉。每至轩昊之无为，唐
虞之至治，未尝不留连赞咏，不能已矣。及于夏、殷末世，
秦、汉暴君，使人懔然兢惧，如履朽薄。"③这一切都清楚地
说明，唐太宗总结历史经验，其目的皆是为了"贞观之治"。

　　由于唐太宗十分重视以史为鉴，所以贞观时期出现了前
所未有的修史盛况，成绩蔚然大观。历代二十五部"正史"
中，就有八部正史修成于贞观年间。这八部正史就是《北齐
书》《周书》《梁书》《陈书》《隋书》《晋书》《南史》《北
史》。除南北史是李延寿父子私家独撰外，其余六部都是由唐
太宗下诏集体官修的。

　　早在武德四年（公元621年），唐高祖李渊接受了令狐德
棻提出的修撰梁、陈、齐、周、隋五朝正史的建议，次年十二
月，李渊下诏修史，任命中书令萧瑀等三人修魏史，侍中陈叔

---

①　（唐）吴兢撰，谢保成集校：《贞观政要集校》卷7《论文史第二十八》，第
391页。

②　（清）董浩等编：《全唐文》卷9唐太宗《答魏徵上群书理要手诏》，第106页下。

③　吴玉贵撰：《唐书辑校》卷3，中华书局2008年版，第772页。

达等三人修周史，兼中书令封德彝等二人修隋史，大理卿崔善为等三人修梁史，太子詹事裴矩等三人修齐史，秘书监窦琎等三人修陈史。编修要求是"务加详覈，博采旧闻，义在不刊，书法无隐"[①]。六代史因种种原因，未能在武德年间完成，于是续修的责任落到了唐太宗的身上。"贞观三年，太宗复敕修撰"。太宗命礼部侍郎令狐德棻与秘书郎岑文本修周史，中书舍人李百药修齐史，著作郎姚思廉修梁、陈史，秘书监魏徵修隋史，魏徵同时与尚书左仆射房玄龄总监诸史。唐太宗还亲自制定了有分有合的修史制度："命学士分修。"[②]

《周书》主编令狐德棻吸取了西魏史官柳虬所写（可能北周史官曾经续写）的北周官史，和隋代牛弘追撰的《周纪》十八篇，又利用了唐初修史征集的家状作为补充，以牛史为蓝本，于贞观十年（公元636年）成书五十卷。

《北齐书》主编李百药本就有家学渊源，其父李德林"在齐预修国史，创纪传书二十七卷。自开皇初，奉诏续撰，增多齐史三十八篇"，在此基础上，李百药参考隋秘书监王劭编年体《齐志》十六卷，并"杂采它书，演为五十卷"，[③] 于贞观十年（公元636年）成书。

---

① （后晋）刘昫等撰：《旧唐书》卷73《令狐德棻传》，第2597—2598页。

② （唐）刘知几撰，（清）浦起龙通释：《史通通释》卷12外篇《古今正史第二》，上海古籍出版社2009年版，第345页。

③ （唐）刘知几撰，（清）浦起龙通释：《史通通释》卷12外篇《古今正史第二》，上海古籍出版社2009年版，第342页。

　　《梁书》《陈书》主编姚思廉有"命世"之史才，他除了利用梁代谢昊的《梁书》、陈代许亨的《梁史》以及顾野王的陈朝国史纪传、陆琼的《陈书》研究成果外，主要师承家父姚察在陈、隋之际两度编撰梁、陈史的遗稿，笔削成书，"加以新录，弥历九载，方始毕功。定为《梁书》五十六卷、《陈书》三十六卷。"①

　　《隋书》主编魏徵有"良史"之称。其先虽有王劭的《隋书》八十卷及王胄的《大业起居注》，然而王劭缺乏体例，正如刘知几所说："至于编年、纪传，并阙其体。"而且王胄的起居注遭江都之变，"仍多散逸"②。幸而唐距隋最近，事有所闻，可补遗缺。《隋书》纪传多出于中书侍郎颜师古、给事中孔颖达之手，颜、孔学贯古今，博通经史，所撰纪传，号为称职。魏徵"总加撰定，多所损益，务存简正"③。所作《隋书》的序、论，针砭隋之存亡得失，多所深识。三人修撰纪传五十五卷，于贞观十年（公元636年）定稿。

　　贞观十年（公元636年）正月，五朝史修成，由尚书左仆射房玄龄、侍中魏徵等进呈御前，唐太宗下令嘉奖道："公

---

　　① （唐）刘知几撰，（清）浦起龙通释：《史通通释》卷12外篇《古今正史第二》，上海古籍出版社2009年版，第331页。

　　② （唐）刘知几撰，（清）浦起龙通释：《史通通释》卷12外篇《古今正史第二》，上海古籍出版社2009年版，第344页。

　　③ （后晋）刘昫等撰：《旧唐书》卷71《魏徵传》，第2550页。

辈以数年之间，勒成五代之史，深副朕怀，极可嘉尚。"[1] 魏徵以总监之功，赏赐特丰，加封左光禄大夫，进爵郑国公，赐物二千段。姚思廉赐采绢五百段，加通直散骑常侍。令狐德棻赐绢四百匹；李百药赐物四百段外，还加散骑常侍，行太子左庶子。这是唐太宗对官修正史史官们的鼓励。

此后，唐太宗感到五朝史只有纪传、没有志这个缺陷，于贞观十五年（公元 641 年）又任命于志宁、李淳风、韦安仁、李延寿等续修史志，终贞观之世，迄未完成。

除了对上述五朝历史撰修外，因为对前人所修的晋史不满意，唐太宗还专门于贞观二十年（公元 646 年）闰三月颁《修晋书诏》，要求对晋朝历史进行重修，两年后成书。新撰的《晋书》计有帝纪十卷，志二十卷，列传七十卷，载记三十卷，共一百三十卷。[2]

值得指出的是，唐太宗不仅注意让自己君臣"以古为镜"，而且还特别留意对继嗣者史鉴意识的培养。

唐太宗深知他与大臣们的"以古为镜"是不难做到的。而继嗣之君和功臣后代，他们没有经历过动乱的年代，生长于富贵之乡，对民间疾苦缺少体察。因此，唐太宗认识到对后代进行历史知识、以史为鉴的教育，是关系到唐王朝能否实

① （宋）王钦若等编：《宋本册府元龟》卷 554《国史部一·恩奖》，中华书局 1989 年版，第 1556 页下。

② 参见赵可尧、许道勋著《唐太宗传》，人民出版社 1984 年版，第 303—310 页。

现长治久安的大问题。他有鉴于"历观前代拨乱创业之主，生长人间，皆识达情伪，罕至于败亡。逮乎继世守成之君，生而富贵，不知疾苦，动至夷灭"①。又鉴于"功臣子弟，多无才行，藉祖父资荫遂处大官，德义不修，奢纵是好。主既幼弱，臣又不才，颠而不扶，岂能无乱？"②为此，唐太宗于贞观七年（公元633年）对侍中魏徵说："自古侯王能自保全者甚少，皆由生长富贵，好尚骄逸，多不解亲君子远小人故尔。朕所有子弟，欲使见前言往行，冀其以为规范。"为达此目的，唐太宗命魏徵"录古来帝王子弟成败事"，编纂《自古诸侯王善恶录》，用以赐予诸王阅读。书成后，魏徵亲自撰写序言，序言中有"子孙继体，多属隆平，生自深宫之中，长居妇人之手，不以高危为忧惧，岂知稼穑之艰难？昵近小人，疏远君子……垂为明戒，可不惜乎"？唐太宗在读过《自古诸侯王善恶录》后，称赞编得好，令诸王"置于座右，用为立身之本"③。唐太宗晚年为太子所编写的《帝范》一书，亦强调要"以古为镜"，"聚其要言，以为近诚云耳。"④

---

① （唐）吴兢撰，谢保成集校:《贞观政要集校》卷4《教戒太子诸王第十一》，第220页。

② （唐）吴兢撰，谢保成集校:《贞观政要集校》卷3《君臣鉴戒第六》，第154页。

③ （唐）吴兢撰，谢保成集校:《贞观政要集校》卷4《教戒太子诸王第十一》，第214、214—215、216页。

④ 王双怀、梁克敏、田乙编撰:《帝范臣轨校释》，《帝范》序，第4页。

二、重视对当代史的撰述

唐太宗不仅重视对往代历史的编纂，而且也重视当代历史的编撰。贞观年间的当代史主要有国史、实录、起居注等体裁。

贞观三年（公元629年），唐太宗在宫禁门下省北始置史馆，由宰相监修国史。修国史，首任监修官就是唐太宗的中枢重臣房玄龄。宰相监修国史，史官的政治地位必然有所提高，随之对史馆安排、建置、馆员生活待遇等等也会有所改善。正如刘知几所赞美的："皇家之建国也，乃别置史馆，通籍禁门。西京则与鸾渚（即鸾台，门下省）为邻，东都则与凤池（中书省）相接。而馆宇华丽，酒馔丰厚，得厕其流者，实一时之美事。"①宰相监修史著与史官生活待遇的提高，反映了唐太宗对修史的高度重视。唐太宗创设的宰相监修国史之制具有深远的影响。

太宗朝的国史由房玄龄监修，房玄龄为人正直，修撰史官邓世隆以及顾胤、李延寿等又获"时誉"或"颇为当时所称"②，故所撰国史多属直笔。后由许敬宗监修，"记事阿曲"，破坏了贞观的直笔史风。史载许敬宗贪贿专以个人恩怨

---

① （唐）刘知几撰，（清）浦起龙通释：《史通通释》卷11外篇《史官建置第一》，第294页。

② （后晋）刘昫等撰：《旧唐书》卷73《令狐德棻传》，第2599页。

好恶作为立传根据。如因恶封德彝，立传对"盛加其罪恶"；因善钱九陇，立传时"妄加功绩"；或受人贿，"隐诸过咎"，"虚美隐恶"①。对此，刘知几评其"所作纪传，或曲希时旨，或猥饰私憾，凡有毁誉，多非实录"②。

唐太宗既然以史为镜，也就很想读一读国史。贞观十四年（公元640年），他对历来帝王不读国史的做法表示不满，说："不知自古当代国史，何因不令帝王亲见之？"玄龄对曰："国史既善恶必书，庶几人主不为非法。止应畏有忤旨，故不得见也。"太宗特加解释，"朕意殊不同古人。今欲自看国史者，若有善事，固不须论；若有恶事，亦欲以为鉴诫，使得自修改耳。卿可撰录进来。"③唐太宗认为古来帝王不观国史，君主不能从国史中获益，殊为可惜。他想打破惯例，自观国史，以补君德，确实有其合理的一面。

在编撰当代史方面，唐太宗也加强了实录的编撰工作，改变了往昔不修当朝实录的做法，决定当他在世时就始修实录。贞观十四年（公元640年），唐太宗提出"欲自看国史"时，并要房玄龄"撰录进来"的要求。"玄龄等遂删略国史为

---

①　（后晋）刘昫等撰：《旧唐书》卷82《许敬宗传》，第2763—2764页。

②　（唐）刘知几撰，（清）浦起龙通释：《史通通释》卷12外篇《古今正史第一》，第347页。

③　（唐）吴兢撰，谢保成集校：《贞观政要集校》卷1《论文书第二十八》，第391页。

编年体，撰高祖、太宗实录各二十卷，表上之。"①实录的成书时间是贞观十七年（公元 643 年）七月，这两种起迄时间是起创业（公元 617 年）、迄贞观十四年（公元 640 年），太宗朝余下的九年史事，唐太宗生前来不及完成，至高宗永徽初续成《贞观实录》二十卷，共计四十卷。成书于贞观十七年的高祖、太宗实录是唐初的前两部实录，也是当时有史以来最详备的实录。为了鼓励修史，唐太宗对监修房玄龄诏降玺书褒美，赐物一千五百段，封修撰许敬宗高阳县男，赐物八百段。

唐高祖、太宗实录既然是从国史中删略而成的，可见，国史详、实录略；国史修撰在前，实录删略在后。故刘知几说："司空房玄龄、给事中许敬宗、著作佐郎敬播相次立编年体，号为'实录'。"②

唐高祖、太宗实录既然记载当代君主立身行事，又是明知太宗亲自阅读的，经"删略"后，必有曲笔。如记录玄武门之变"语多微隐"，就是一例。太宗观书至此，感到不妥，便要房玄龄转达他的旨意云：史官执笔，不应有所曲隐，"即命削去浮词，直书其事"③。专制帝王多以个人好恶歪曲历

---

① （唐）吴兢撰，谢保成集校：《贞观政要集校》卷 7《论文书第二十八》，第 391 页。

② （唐）刘知几撰，（清）浦起龙通释：《史通通释》卷 12 外篇《古今正史第二》，第 346 页。

③ （宋）司马光编：《资治通鉴》卷 197《唐纪十三》"初，上谓监修国史房玄龄曰"条，第 6203 页。

史，唐太宗主张直书其事，不为尊者、贤者讳，这是难能可贵的。唐太宗还责令史官应善于鉴别史事性质，褒贬分明，肯定玄武门之变可与周代"周公诛管蔡而周室安，季友鸩叔牙而鲁国宁"① 相类，是安社稷，利万民的义举。通过以史喻史，唐太宗真正地做到了古为今用。唐太宗论史，不是好论古今，而是着眼于现实政治需要。

除了国史和实录外，唐太宗还十分重视起居注的编录工作。起居注是中国古代史官记载帝王的言行录。李林甫注《唐六典》起居郎条云："汉献帝及西晋已后，诸帝皆有起居注，皆史官所录。自隋置为职员，列为侍臣，专掌其事，每季为卷，送付史官。"② 唐因隋制，除承袭起居舍人外，另置起居郎两员。起居郎掌录皇帝起居法度，相当于古之左史，起居舍人录皇帝制诰，相当于古之右史，退而编录为起居注。唐太宗即位后，从以下两方面加强了对起居注的编录工作。

1. 扩大了起居注史官的人员

唐以前的起居注史官多由若作郎、起居令史、起居舍人等担任。贞观初，除由起居郎任职外，还以他官兼任，称为"知起居注"或"知起居事"。"贞观初，以给事中、谏议大

---

① （唐）吴兢撰，谢保成集校：《贞观政要集校》卷7《论文书第二十八》，第391页。

② 唐玄宗御撰，李林甫等注：《唐六典》卷8《门下省》起居郎条注，中华书局2014年版，第248页。

夫兼知起居注，或知起居事。"①如贞观二年（公元 628 年），杜正伦"拜给事中，兼知起居注"②。贞观十五年（公元 641 年），褚遂良"迁谏议大夫，兼知起居事"③。这些起居注史官，很容易成为皇帝的亲近侍臣。他们多以"君举必书"为己任，详备地记录了唐太宗的言行，使唐初大有古者左史记言、右史记事的传统。起居注的丰硕成果，为史籍编纂提供了丰富的史料来源。

2. 鼓励起居注史官秉笔直书

贞观初，唐太宗对侍臣说到自己每日上朝，为了对天下万姓负责，出言审慎，"不能多言"。杜正伦针对唐太宗存在言多必失的戒惧心理，乘机指出秉笔直书的职责："君举必书，言存左史。臣职当修起居注，不敢不尽愚直。陛下若一言乖于道理，则千载累于圣德，非直当今损于百姓，愿陛下慎之。"太宗闻言，"大悦，赐绢二百段。"④贞观十六年（公元 642 年）夏四月，唐太宗对谏议大夫褚遂良说："卿犹知起居注，所书可得观乎？"遂良对答史官记录君主言行，"备记善恶"，目的是使君主"不敢为非，未闻自取而观之也"！唐太宗又问："朕有不善，卿亦记之耶？"遂良答以"不敢不记"。当时黄门侍

---

① （宋）欧阳修、宋祁撰：《新唐书》卷 47《百官志二》，第 1208 页。
② （后晋）刘昫等撰：《旧唐书》卷 70《杜正伦传》，第 2542 页。
③ （后晋）刘昫等撰：《旧唐书》卷 80《褚遂良传》，第 2729—2780 页。
④ （后晋）刘昫等撰：《旧唐书》卷 70《杜正伦传》，第 2542 页。

郎刘洎在侧也说："借使遂良不记，天下亦皆记之。"① 唐太宗用"诚然"两个字表示理应如此。这是以言论鼓励史官运用直笔原则的表现。在唐太宗的鼓励下，贞观史臣如杜正伦、褚遂良、魏徵等人都能秉笔直书。这种风气，对高宗时期的史学著作也有影响，如成书于高宗朝的《太宗政典》，是李延寿主撰的，高宗观之，"咨美直笔，赐其家帛五十段"② 就是一例。

三、前王得失，在身龟镜

前车之覆，后车当鉴。

历史的真正作用不在于它的宣传功能，而在于它对前朝文化的继承与总结基础上所带来的史鉴功能，在于为现实服务。唐太宗注意以史为鉴，贞观君臣喜欢讨论前朝历史，企图从中体察安危之道，通悟古今之变，将国家治理成为一个至治之世。

当五朝史修成时，唐太宗特颁诏书，申明自己"将欲览前王之得失，为在身之龟镜"。③ 所谓"前王"，系泛指秦始皇

---

① （宋）司马光编：《资治通鉴》卷196《唐纪十二》"夏四月壬子"条，第6175页。

② （宋）欧阳修、宋祁撰：《新唐书》卷102《李延寿传》，第3986页。

③ （宋）李昉等撰：《太平御览》卷603《文部十九·史传上》31《唐书》，第2715—2716页下。

至隋炀帝的九个世纪的兴亡大事，重点是隋秦两代。然而，既云"得失"，当包括正反两个方面的经验教训。大体说来，唐太宗对唐以前的王朝兴衰历史的借鉴，主要集中在以下三个方面。

1. 察汉文之得

承秦者汉，承隋者唐，唐之得天下，类若如汉。贞观君臣深知，历史上秦祚短而汉祚长，若使唐祚绵长而免蹈隋祚短夭的覆辙，是需要吸取汉以致治的成功经验的。这是唐初统治者重视借鉴《隋书》的同时，也不忽视借鉴《汉书》的主要原因。

贞观三年（公元629年），唐太宗对房玄龄说："比见《汉书》载《子虚》《上林》赋，浮华无用。"①唐太宗观司马相如等文人传记尚且如此用心，何况与他治理天下关系密切的帝王纪传了。贞观十一年（公元637年），他对高士廉说："昔汉高祖止是山东一匹夫，以其平定天下，主尊臣贵。卿等读书，见其行迹，至今以为美谈，心怀敬重。"②这是他熟读《汉书·高帝纪》的例子。

唐太宗还喜读编年体的《汉纪》，贞观三年底，他为了奖励凉州都督李大亮的直谏胆识，特赐荀悦《汉纪》一部，认为

---

① （宋）司马光编：《资治通鉴》卷193《唐纪九》"玄龄监修国史，上语之曰"条，第6063—6064页。

② （后晋）刘昫等撰：《旧唐书》卷65《高士廉传》，第2444页。

"此书叙致既明，论议深博，极为治之体，尽君臣之义，今以赐卿，宜加寻阅也"①。唐太宗言《汉纪》"极为治之体"，可见他从中充分汲取到了治理国家的资政资源。

如果说，唐太宗借鉴《隋书》主要是为汲取反面教训的话；那么，他借鉴《汉书》就主要是吸取正面经验了。太宗最景仰汉初的高帝、文帝、景帝，然而高帝有杀戮功臣之诮，景帝有误诛晁错之失，终不为美，太宗间有指责，唯文帝不见太宗责难。汉初文景之治当首推文帝之治。唐太宗倾心文帝，以致在治理国家方面颇多效法。文帝的"夫农，天下之本也"的农本思想；"天下治乱，在予一人，唯二三执政犹吾股肱也"的君臣一体思想；"举贤良方正能直言极谏者，以匡朕之不逮"的任贤纳谏思想；释送宫女，"令得嫁"的人道思想，对南越"以德怀之"的民族德化思想；"张武等受赂金钱，觉，更加赏赐，以愧其心"②的感化思想等，均可从唐太宗执政时找到借鉴的痕迹。不仅如此，唐太宗还经常以己德不逮文帝自励，如贞观初，群臣议建高阁，他说："昔汉文帝将起露台，而惜十家之产。朕德不逮于汉帝，而所费过之，岂谓为民父母之道也。"并拒绝了此事。"③

---

① （后晋）刘昫等撰：《旧唐书》卷 62《李大亮传》，第 2388 页。

② （东汉）班固撰：《汉书》卷 4《文帝纪》，中华书局 1962 年版，第 116—117、123、135 页。

③ （后晋）刘昫等撰：《旧唐书》卷 2《太宗本纪上》，第 35 页。

　　唐太宗既察汉文之得，作为自己治理国家的成功经验，那么必然会对唐初政治活动与史学研究产生影响。在唐太宗以史为鉴的思想指导下，贞观年间出现了两个积极的政治现象。

　　第一，谏官多引汉史作为讽谏依据。

　　贞观十一年（公元637年），侍御史马周上疏，指出唐太宗近年以来奢风抬头的弊病，援引汉代文景淳朴政风作为对照，提出警告说："昔汉之文、景，恭俭养民，武帝承其丰富之资，故能穷奢极欲而不至于乱。向使高祖之后即传武帝，汉室安得久存乎！"马周援引的这个史实及其推论，是有说服力的。如何保持唐王朝"久存"本来就是唐太宗即位以来最为关心与思考的问题，故他阅后"称善久之"。①

　　第二，引发了唐初研究《汉书》的热潮。

　　因为唐太宗对《汉书》资政意义的重视，贞观年间出现了一批注释《汉书》的专家，形成了"汉书学"这一重要学科。"是时《汉书》学大兴，其章章者若刘伯庄、秦景通兄弟、刘讷言，皆名家。"②刘伯庄有《汉书音义》二十卷问世，父子相承，"子之宏，世其学"③。秦景通治《汉书》，则兄弟相承，名藻

---

　　① （宋）司马光编：《资治通鉴》卷195《唐纪十一》"侍御史马周上疏"条，第6132—6133页。

　　② （宋）欧阳修、宋祁撰：《新唐书》卷198《儒学上·敬播传》，第5656页。

　　③ （宋）欧阳修、宋祁撰：《新唐书》卷198《儒学上·刘伯庄传附刘之宏传》，第5657页。

一时，人称"大秦君""小秦君"，"非其授者，以为无法云。"①
姚察著有《汉书训纂》，其子思廉少受家学于其父。最突出的是
颜师古承其家学于叔父颜游秦，游秦曾"撰《汉书决疑》十二
卷，为学者所称，后师古注《汉书》，亦多取其义耳"。颜师古
注《汉书》共一百二十卷，其释文多有纠正前人谬误、发明创
见者，"解释详明，深为学者所重"，故能"大行于世"②。

2. 究秦、隋之失

唐王朝是在隋末农民战争的废墟上建立起来的，一个"甲
兵强盛""风行万里"的隋王朝为什么仅隔两代就"率土分
崩""子孙殄灭"③了呢？这对亲睹其事、记忆犹新的唐太宗
来说，不能不引起震惧。有鉴于此，他最重视对《隋书》的
修撰，任命魏徵为主编。魏徵体会唐太宗的意图，以史论形
式总结了隋亡的原因，又将亡隋与亡秦作了比较，指出："隋
之得失存亡，大较与秦相类。"④故唐太宗以隋亡为鉴戒的同
时，亦以秦二世而亡为鉴戒。他曾对侍臣说："秦始皇初亦平
六国，据有四海，及末年不能善守，实可为诫。"⑤秦、隋为
什么二世而亡，这是发人深思的问题，唐太宗君臣究秦、隋

---

① （宋）欧阳修、宋祁撰：《新唐书》卷 198《儒学上·秦景通传》，第 5657 页。
② （后晋）刘昫等撰：《旧唐书》卷 73《颜师古传附颜游秦传》，第 2596、2595 页。
③ （后晋）刘昫等撰：《旧唐书》卷 71《魏徵传》，第 2550—2551 页。
④ （唐）魏征等撰：《隋书》卷 70《列传第三十五·史臣曰》，第 1835 页。
⑤ （唐）吴兢撰，谢保成集校：《贞观政要集校》卷 10《论慎终第四十》，第
546 页。

之失，自然偏重于此。

唐太宗之所以特别注重修纂《隋书》，就是要认真总结隋朝失败的教训。隋朝统治者在夺取政权后骄奢纵欲，缺乏忧患长远意识，所以瓦解消灭于一旦。唐太宗说："此皆朕所目见，故夙夜孜孜，惟欲清静，使天下无事。遂得徭役不兴，年谷丰稔，百姓安乐。"①他曾自我警戒说："秦始皇平六国，隋炀帝富四海，既骄且逸，一朝而败，吾亦何得自骄也？言念于此，不觉惕焉震惧。"②

唐太宗虽将秦始皇与隋炀帝相提并论，然而，对他们的评价并非一概而论。唐太宗心目中的秦始皇首先是削平六国的雄主，其次才是肇始秦亡的暴君。他曾对魏徵说："秦始皇亦是英雄之主，平定六国已后，才免其身，至子便失其国。"③故他盛赞秦始皇创业的丰功伟绩。贞观初，他对侍臣说："周武平纣之乱，以有天下，秦皇因周之衰，遂吞六国，其得天下不殊，祚运长短若此之相悬也？"④直至贞观六年（公元632年），他对侍臣还说："周秦初得天下，其事不异。"⑤把秦之统一与周武王伐纣并列，而纣为无道昏君，武王伐纣一向被

① （唐）吴兢撰，谢保成集校：《贞观政要集校》卷1《政体第二》，第41页。
② （后晋）刘昫等撰：《旧唐书》卷72《虞世南传》，第2567—2568页。
③ （唐）吴兢撰，谢保成集校：《贞观政要集校》附《写字台本第四》，第556页。
④ （唐）吴兢撰，谢保成集校：《贞观政要集校》卷8《辩兴亡第三十四》，第464页。
⑤ （唐）吴兢撰，谢保成集校：《贞观政要集校》卷3《君臣鉴戒第六》，第149页。

儒家高度赞扬为圣王创业的楷模。据此可知，唐太宗是把秦始皇看作为应运天人的创业圣君的。这比起唐初不少大臣一概骂倒秦始皇，甚至把他统一六国也说成是"六国无罪，秦氏专任智力，蚕食诸侯①的一大罪状，要显得高明与智慧得多。唐太宗曾从秦始皇为太子择师失策这个角度，阐明了秦亡起自始皇、成于二世的现点："太子保傅，古难其选……秦之胡亥，始皇所爱，赵高作傅，教以刑法。及其篡也，诛功臣、杀亲戚，酷烈不已，旋踵亦亡。"②而对于隋炀帝的统治，没有只言片语的赞扬。可见，唐太宗察秦、隋之失是有所区别的，这就是政治家的眼光和角度。

在考察隋炀帝政治得失时，唐太宗也作了具体分析。隋炀帝固然是亡国暴君，然而不能因此完全归罪于他，因为作为隋初创业之君的隋文帝也负有责任。贞观二年（公元 628 年），他对黄门侍郎王珪说："隋开皇十四年大旱，人多饥乏。是时仓库盈溢，竟不许赈给，乃令百姓逐粮。隋文不怜百姓而惜仓库，比至末年，计天下储积，得供五六十年。炀帝恃此富饶，所以奢华无道，遂致灭亡。炀帝失国，亦此之由。"③从隋初

---

① （宋）王钦若等编：《册府元龟》卷46《帝王部四十六·智识》，中华书局1960年版，第 522 页下。

② （唐）吴兢撰，谢保成集校：《贞观政要集校》卷2《纳谏第五附直言谏争》，第 138 页。

③ （唐）吴兢撰，谢保成集校：《贞观政要集校》卷8《辨兴亡第三十四》，第466 页。

"富饶"之得，反而导致隋末"奢华无道"之失中，唐太宗深刻总结了隋亡始自文帝而终于炀帝的历史教训。

3. 考晋初之得失

贞观年间的官修正史，前有五朝史，魏徵已写了史论。后有《晋书》，唐太宗为《晋书》中的宣帝、武帝、陆机、王羲之四人的传记亲自撰写了四篇史论。陆机与王羲之的传论为文人立言，表明唐太宗晚年重文的雅兴。晋宣帝、武帝的两纪史论，则有明显的政治意图。因为西晋结束了三国以来几十年的分裂局面，建立了统一王朝，然而十分短暂，不久就发生了中原地区的大混战，此后便形成了东晋和十六国、南朝与北朝的长期对峙局面。唐太宗作为唐初的创业之君，很想对晋初的创业之君的治国得失进行考察，于是他选取了西晋王朝的奠基人司马懿与完成统一事业的司马炎当作主要的研究对象，然后把自己的研究心得写成史论，这就是两帝纪"制曰"的由来。

唐太宗在《宣帝纪制》里赞扬了司马懿"文以缵治，武以棱威"的经国大才、"用人如知己，求贤若不及"的识人才华以及"情深阻而莫测，性宽绰而能容"的豁达性格和能力。然而指责他未能"竭诚尽节"，所谓"受遗二主，佐命三朝"，受君厚恩而"曾无殉生之报"，反而"天子在外，内起甲兵，陵土未干，遽相诛戮"，即乘曹芳离宫谒陵时，发动军事政变。史论不禁严厉责问："贞臣之体，宁若此乎！"当然，司马懿这种做法决非忠臣所为。然而，他不愿被曹爽夺权才发动兵变。

这场宫廷政变是曹魏宗室集团与司马氏勋戚集团之间争夺权势的斗争，不能片面指责一方。唐太宗从维护皇权出发，将司马懿的行为视作逆短作恶，说他"虽自隐过当年，而终见嗤后代"①。唐太宗在《宣帝纪》史论里反映了他的忠君思想，是有政治背景的。贞观晚年，他受到功臣侯君集谋反与诸子结党夺嫡之争的刺激，对功臣的防范加深了。他指责司马懿"见嗤后代"，无疑是借鉴历史警告李唐功臣，千万不可有亏臣节。

至于晋武帝司马炎的史论，则是唐太宗对一个开国君主是非得失、功过成败的经验教训的全面总结。

唐太宗以宽仁、雄略赞扬了晋武帝的创业君主的帝风，肯定了他统一中国后出现的"民和俗静、家给人足"的小康局面。继而，唐太宗笔锋一转，指出晋朝"曾未数年，纲纪大乱，海内版荡，宗庙播迁……为天下笑"。对此，唐太宗分析说："其故何哉？良由失慎于前，所以贻患于后。"晋武帝的失政主要表现在"不知处广以思狭"、"居治而忘危"、"无久安难拔之虑"以及"委寄失才"，"藩翰变亲以成疏，连兵竟灭其本"②。唐太宗不仅正确地分析了司马炎识不及远、立嫡不才等施政上的失策，而且还特别指出了分封宗室导致骨肉相残、严重削弱皇权是造成晋亡的主要原因。从这篇史论中可以看出，唐太宗总结晋朝所以由治而乱、由安而

①　《晋书》卷1《宣帝纪》附《晋宣帝总论》，唐太宗御撰，第21页。
②　《晋书》卷3《武帝纪》附《晋武帝总论》，唐太宗御撰，第81—82页。

危的历史教训：一是治而忘危，二是疏而失慎，三是封藩贻
患。实际上，唐太宗对晋武帝所作的史论，既是对自己晚年
政治上懈怠的警惕，也是对后继者李治的告诫。联系他于贞
观二十二年（公元 648 年）春作《帝范》以赐太子，作为李
治修身治国的借鉴，可知《武帝纪》史论是《帝范》的补充
教材。寄望于太子李治记取晋代"失慎于前"，"贻患于后"
的教训，以免也落得一个"海内版荡，宗庙播迁"的悲剧。①

---

① 参见赵克尧、许道勋著：《唐太宗传》，人民出版社 1984 年版，第 316—321 页。

第二章 "为国者要在安静"

贞观初，唐太宗指出："为君之道，必须先存百姓。"次年，他进一步阐明治国之道在于"人君简静乃可致耳"。这样，以"存百姓"为宗旨、以"简静"为特征的贞观年间的治国方略，就这样被明确地确定了下来。此后，唐太宗君臣"恐怀骄矜，恒自抑折，日旰而食，坐以待晨"；"夙夜孜孜，惟欲清静，使天下无事"。唐初"抚民以静"的治国方略与唐太宗君臣的励精图治，终于迎来了中国传统时代最大的盛世——贞观之治。

一、安人宁国，惟在于君

国家要治理得好，统治者要成为表率，治国先正君，"其身正，不令而行"，如何君"正"？在这方面，唐太宗给后世君主作出了表率。这方面内容十分复杂，很难列举全面，试举数例如下。

其一，兼听则明，偏信则暗。

唐太宗认为，广开言路是一条下情上达的简捷而有效的办法。

贞观二年（公元628年），唐太宗与魏徵讨论为君之道。唐太宗问"何谓明君暗君"？魏徵说：

> 君之所以明者，兼听也；其所以暗者，偏信也。《诗》云："先人有言，询于刍荛。"昔唐、虞之理，辟四门，明四目，达四聪。是以圣无不照，故共、鲧之徒，不能塞也；靖言庸回，不能惑也。秦二世则隐藏其身，捐隔疏贱而偏信赵高，及天下溃叛，不得闻也。梁武帝偏信朱异，而侯景举兵向阙，竟不得知也。隋炀帝偏信虞世基，而诸贼攻城剿邑，亦不得知也。是故人君兼听纳下，则贵臣不得壅蔽，而下情必得上通也。

唐太宗听后"甚善其言"①。

其二，理其身，慎所习。

---

① （唐）吴兢撰，谢保成集校：《贞观政要集校》卷1《君道第一》，第13页。

唐太宗说：

> 古人善为国者，必先理其身。理其身，必慎其所习。所习
> 正则其身正，身正则不令而行。所习不正，则身不正，身不正
> 则虽令不从。是以舜诫禹曰："邻哉邻哉。"周公诫成王曰："其
> 朋其朋。"此皆言慎其所习近也。朕比岁临朝视事，及园苑间
> 游赏，皆召魏征、虞世南侍从，或与谋议政事、讲论经典，既
> 常闻启沃，非直于身有益，在于社稷亦可谓久安之道。①

当唐太宗与谏议大夫魏徵讨论为君之道时，魏徵也曾这
样回答唐太宗：

> 古者圣哲之主，皆亦近取诸身，故能远体诸物。昔楚聘
> 詹何，问其理国之要，詹何对以修身之术。楚王又问理国何
> 如？詹何曰："未闻身理而国乱者。"陛下所明，实同古义。②

其三，孜孜求治，好学不懈。

唐太宗酷爱史书，读史成癖。贞观文臣李百药曾这样回
忆唐太宗：

> 罢朝之后，引进名臣，讨论是非，备尽肝膈，唯及政
> 事，更无异辞。才及日昃，命才学之士，赐以清闲，高谈典
> 籍，杂以文咏，间以玄言，乙夜忘疲，中宵不寐。③

---

① （唐）吴兢撰，谢保成集校：《贞观政要集校》卷1《政体第二》，第50—51页。
② （唐）吴兢撰，谢保成集校：《贞观政要集校》卷1《君道第一》，第11—21页。
③ （后晋）刘昫等撰：《旧唐书》卷72《李百药传》，第2576页。

其四，居安思危，忧患进取。

唐太宗为创业之君，深知唐朝江山来之不易，故他常忧患恐惧，深怕因为治理不当而重蹈秦、隋的覆辙。请看下面二例：

第一个事例：

> 贞观十年，太宗谓侍臣曰："帝王之业，草创与守成孰难？"尚书左仆射房玄龄对曰："天地草昧，群雄竞起，攻破乃降，战胜乃克。由此言之，草创为难。"魏徵对曰："帝王之起，必承衰乱。覆彼昏狡，百姓乐推，四海归命，天授人与，乃不为难。然既得之后，志趣骄逸，百姓欲静而徭役不休，百姓凋残而侈务不息，国之衰弊，恒由此起。以斯而言，守文则难。"太宗曰："玄龄昔从我定天下，备尝艰苦，出万死而遇一生，所以见草创之难也，魏徵与我安天下，虑生骄逸之端，必践危亡之地，所以见守成之难也。今草创之难，既已往矣，守成之难者，当思与公等慎之。"①

创业难还是守成难，自古及今，观点分歧不一。还是唐太宗说得好：定天下时，创业难；安天下时，守成难。无论是创业，还是守成，事实上没有一件是不困难的，一切还是要以时间地点条件环境变化而变化。"今草创之难，既已往矣，守成之难者，当思与公等慎之。"

①（唐）吴兢撰，谢保成集校：《贞观政要集校》卷1《君道第一》，第14—15页。

第二个事例：

> 贞观十九年，太宗谓侍臣曰："朕观古为帝王，骄矜而取败者，不可胜数。不能远述古昔，至如晋武平吴、隋文伐陈已后，心逾骄奢，自矜诸己，臣下不复敢言，政道因兹弛紊。朕自平定突厥、破高丽已后，兼并铁勒，席卷沙漠，以为州县，夷狄远服，声教益广。朕恐怀骄矜，恒自抑折，日旰而食，坐以待晨。每思臣下有谠言直谏，可以施于政教者，当拭目以师友待之。如此，庶几于时康道泰尔。"①

孟子说："生于忧患，而死于安乐。"②

欧阳修在《伶官传序》中说："夫祸患常积于忽微，而智勇多困于所溺。"③

晋武帝平吴、隋文帝灭陈而统一天下时，智勇奋发，然而统一天下后却松懈享受，忘却了得天下是多么的不易，结果很快晋乱隋亡。唐太宗以史为鉴，"恐怀骄矜，恒自抑折，日旰而食，坐以待晨。"因此才避免了前人的覆辙而迎来了贞观之治。

---

① （唐）吴兢撰，谢保成集校：《贞观政要集校》卷1《政体第二》，第49页。

② （清）焦循撰：《孟子正义》卷25《告子章句下》，中华书局1987年版，第872页。

③ （宋）欧阳修撰：《新五代史》卷37《伶官传序》，中华书局2015年版，第448页。

二、以民为本，静以抚之

唐太宗在位二十三年，政绩卓著，因为年号"贞观"，所以史称他的治世为"贞观之治"。这是两千多年中国君主专制社会里成绩最为突出的盛世，甚至与汉初"文景之治"相比较"而功烈过之"。而"贞观之治"的首要内容，就是政策上与民休息，抚民以静。

唐高祖武德年间，唐王朝还面临着"削平区宇"的主要历史任务，进行统一全国的战争，不可能把重点放在如何治理国家上。玄武门之变后，李世民为皇太子，执政伊始，他就令百官"备陈安人理国之要"①。正式即位后，"安人理国"更成为唐太宗的治国方针。

唐高祖武德九年（公元626年）十月，唐太宗即位后，亲自主持了一场关于"自古理政得失"的辩论，力图找到一条实现"天下大治"的途径。当时面临着百废待举、百乱待治的局面，大乱之后究竟能否大治，"人皆异论"②，持怀疑态度的不少。连求治心切的唐太宗，一时也发出了"今大乱之后，其难治乎"③的感叹之语，对于唐初"致治"缺乏信心。

在这场理政得失与采取何种治国政策的大辩论中，群臣

---

① （后晋）刘昫等撰：《旧唐书》卷2《太宗本纪上》，第29页。
② （唐）吴兢撰，谢保成集校：《贞观政要集校》卷1《政体第二》，第36页。
③ （宋）欧阳修、宋祁撰：《新唐书》卷97《魏徵传》，第3869页。

意见分歧不一。

大臣魏徵认为："乱后易教，犹饥人易食也"，"若圣哲施化，上下同心，人应如响，不疾而速，期月而可，信不为难，三年成功，犹谓其晚。"[1]

大臣封德彝等则大不以为然，他们引证历史，说什么夏、商、周三代以后，人心渐渐地浇薄，所以秦朝专用法律，汉朝杂用霸道，它们是想教化而不能，不是能教化而不想。封德彝甚至当着唐太宗的面，指责魏徵不识时务，"若信魏徵所说，恐败乱国家。"刚直的魏徵也不客气，援古引今，考之史籍，反复说明乱后致"太平"的事例很多，并强调指出："若言人渐浇讹，不返纯朴，至今应悉为鬼魅，宁可复得而教化耶？"[2]驳得封德彝哑口无言。

最后，唐太宗采纳了魏徵的建议，作出了"大治"天下的决策。此后，经过数年的不倦努力，国家治理蒸蒸日上，"华夏安宁，远戎宾服"。唐太宗事后曾情不自禁地赞叹说："使我遂至于此，皆魏徵之力。"[3]由此可见，唐太宗执政伊始所举行的这场大辩论，对于唐初"贞观之治"产生了何等重要的影响。

实际上，经过隋末多年动乱，唐初社会一片萧条，田园荒

---

[1] （唐）吴兢撰，谢保成集校：《贞观政要集校》卷1《政体第二》，第36页。

[2] （唐）吴兢撰，谢保成集校：《贞观政要集校》卷1《政体第二》，第36页。

[3] （唐）吴兢撰，谢保成集校：《贞观政要集校》卷1《政体第二》，第36—37页。

芜，人丁凋零。"黄河之北，则千里无烟，江淮之间，则鞠为茂草。"①"率土之众，百不一存，干戈未静，桑农咸废，凋弊之后，饥寒重切。"②直至贞观初期，社会经济凋弊尤甚，"自伊、洛之东，暨乎海、岱，崔莽巨泽，茫茫千里，人烟断绝，鸡犬不闻，道路萧条，进退艰阻。"③"百姓凋弊"的现实，是唐太宗君臣制定治国政策的依据，唐太宗了解"百姓欲静"的愿望，顺应历史的潮流，制定出了抚民以静的施政方略，及时地实现了"大治天下"的决策的转移。

任何的施政方略都是不断完善中前进的。早在武德年间，唐高祖李渊就已经提出了"安人静俗"④的方针，不久又强调："新附之民，特蠲徭赋，欲其休息，更无烦扰，使获安静，自修产业。"⑤但是，在武德七年（公元 624 年）以前，统一战争频繁，就全国范围来说，百姓尚未获得"休息"的机会。以后三年里，皇族统治集团内部争斗激烈，"安静"方针贯彻很不得力。

---

① （唐）魏征等撰：《隋书》卷 70《杨玄感传》，第 1815 页。

② （宋）王钦若等编：《宋本册府元龟》卷 147《帝王部一百四十七·恤下二》，第 241 页上。

③ （唐）吴兢撰，谢保成集校：《贞观政要集校》卷 2《纳谏第五附直言谏争》，第 126 页。

④ （宋）宋敏求编：《唐大诏令集》卷 107《政事·备御·阅武诏》，中华书局 2008 年版，第 552 页。

⑤ （宋）王钦若等编：《宋本册府元龟》卷 147《帝王部一百四十七·恤下二》，第 241 页上。

及至武德九年（公元 626 年）八月，唐太宗即位，北方突厥扬言以"将兵百万"相威胁，颉利可汗侵犯至渭水之北。唐太宗果断与颉利可汗订立了"便桥之盟"，突厥才撤退回去。事后，唐太宗对大臣们说："我新即位，为国者要在安静。"①因为"国家未安，百姓未富，且当静以抚之"。②"静者，为化之本。"③由此可见，唐太宗所谓"安静"，最初主要是指不进行对外战争，使百姓减少兵役的负担。不过经过"理政得失"的讨论，不久，所谓"安静"又包括了新的内容。武德九年（公元 626 年）十一月，唐太宗和群臣商议"止盗"对策，提出了"安人理国"的四项措施：一是"去奢省费"，二是"轻徭薄赋"，三是"选用廉吏"，四是"使民衣食有余"。同年同月，唐太宗强调指出："君依于国，国依于民。刻民以奉君，犹割肉以充腹，腹饱而身毙，君富而国亡。"④这个比喻，形象地表明了唐太宗治国必先安民的远见卓识。

贞观元年（公元 627 年），唐太宗重申"为君之道，必须先存百姓"⑤；次年，进一步阐明治国在于"人君简静乃可

①　（宋）欧阳修、宋祁撰：《新唐书》卷 215 上《突厥传上》，第 6033 页。

②　（宋）司马光编：《资治通鉴》卷 191《唐纪七》"乙卯，突厥进寇高陵"条，第 6020 页。

③　（唐）王方庆编：《魏郑公谏录》卷 3，"对北蕃扰乱须发兵"条，清光绪畿辅丛书初编本，第 16 页。

④　（宋）司马光编：《资治通鉴》卷 192《唐纪八》"丙午，上与群臣论止盗"条，第 6026 页。

⑤　（唐）吴兢撰，谢保成集校：《贞观政要集校》卷 1《君道第一》，第 11 页。

致耳。"① 这样，以"存百姓"为宗旨、以"简静"为特征的治国方略，就被明确地规定下来了。此后，唐太宗"夙夜孜孜，惟欲清静，使天下无事"②。

除了客观形势使然外，总结历史经验也是唐太宗君臣制定"抚民以静"方针政策的重要根据。鉴于隋炀帝的滥用民力而引发隋朝亡国的教训，唐初君臣们痛感到治国之道非"静"不可了。魏徵向唐太宗说："百姓欲静而徭役不休，百姓凋残而侈务不息，国之衰弊，恒由此起。"③ 为了避免重蹈隋亡的覆辙，唐太宗坚决地实行"安静"的政策。后来，魏徵在论时政第三疏中，总结了隋末、唐初的两种不同治理方针所导致的两种不同的效果，这就是："隋氏以富强而丧败，动之也；我以贫寡而安宁，静之也。静之则安，动之则乱，人皆知之，非隐而难见也，微而难察也。"④ 这个鲜明的对比，充分说明了隋末唐初统治者在策略上的变换所导致的不同的治理结果，足以为后世治理国家者提供典型的历史经验教训。⑤

---

① （唐）吴兢撰，谢保成集校：《贞观政要集校》卷8《务农第三十》，第423页。
② （唐）吴兢撰，谢保成集校：《贞观政要集校》卷1《政体第二》，第41页。
③ （唐）吴兢撰，谢保成集校：《贞观政要集校》卷1《君道第一》，第15页。
④ （后晋）刘昫等撰：《旧唐书》卷71《魏徵传》，第2554页。
⑤ 参见赵克尧、许道勋著：《唐太宗传》，人民出版社1984年版，第97—101页。

第三章　致安之本　惟在得人

　　唐太宗坚持用人"才行俱兼"的标准，目的是为了任贤致治。贞观元年（公元 627 年），他对杜正伦说："朕今令举行能之人，非朕独私于行能者，以其能益于百姓也。"唐太宗求贤举能，虽然"敢任"并且不拘一格，但并没有放松对所任官员的"才行"方面的要求。他的所谓"任官惟贤才"，"贤才"是指才德兼备的人。贞观一代，唐太宗基本遵循才德兼备的标准去衡量、选拔人才。不管是至亲、勋旧，还是疏远、昔仇，只要"才行俱兼"，就及时予以任用。反之，如果"才行不至"，即使亲如贵戚，亦不虚授。正如他自己所言的："朕于宗亲以及勋旧无行能者，终不任之。"

一、广开才路，惟求其材

唐太宗把"得人"用人视为"致安之本"，"贞观之初，求贤如渴，善人所举，信而任之，取其所长，恒恐不及。"[①]纵观唐太宗在位期间，对选任贤才问题一直十分重视。贞观年间，他先后曾五次下达求贤诏书。据《全唐文》所载，有《荐举贤能诏》《令河北、淮南诸州举人诏》《求访贤良限来年二月集泰山诏》《令州县举孝廉茂才诏》《令天下诸州举人手诏》。这些诏书，反映了唐太宗对任贤致治的认识和重视。从某种意义上说，所谓"贞观之治"，也就是任贤致治。王船山说："唐多能臣，前有汉，后有宋，皆所不逮。"[②]高度评价了贞观时期人才济济的盛况。贞观能臣之所以能够星光灿烂为"贞观之治"，唐太宗的卓越人才观与用人政策的作用不可低估。

古人言，"世有伯乐，然后有千里马。千里马常有，而伯乐不常有。"[③]人才能否得以发现并施展其才能，关键在于选用者的格局、眼光与识拔及"驱驾"的能力。世称唐太宗明

---

① （唐）吴兢撰，谢保成集校：《贞观政要集校》卷10《论慎终第四十》，第538页。

② （清）王夫之著：《读通鉴论》卷20《唐高祖八》，中华书局1975年版，第579页。

③ （唐）韩愈著，刘真伦、岳珍校注：《韩愈文集汇校笺注》卷1《杂说四首其四》，中华书局2010年版，第107页。

于知人，善于用人，征诸史实，殆非虚语。

贞观初年，唐太宗总结自己的用人经验，曾经留下了这样一段千古至理名言：

> 用人之道，又为未易。己之所贤，未必尽贤；众之所毁，未必全恶。知能不举，即为失才；知恶不黜，则为祸胎。又人才互有长短，不必兼通。是以公绰优于大国之卿，子产善为小邦之相。绛侯木讷，卒安刘氏之宗；啬夫利口，不任上林之令。舍短从长，然后为美。①

从上面这段话中，我们大致可以窥探到唐太宗的"用人之道"主要就是知人要兼明善恶，用人要舍短取长。一句话，就是能知人善任。

第一，"知人"。知人难，难在不易尽知。水至清则无鱼，人至察则无徒。"己之所贤，未必尽贤；众之所毁，未必全恶"，唐太宗清醒地知道，在识人用人问题上很难有一个客观而具体的标准，好坏善恶的看法难免掺杂个人主观的成见，故君主在处理知人用人问题上应该具备辩证的思维，对人言要区别对待，既不可不信，又不可全信，而是要具体问题具体分析，真正做到辨长短、知优劣。

第二，"敢任"。在唐太宗看来，明优劣仅仅是知人的一个方面；更重要的还是"知能不举，即为失才；知恶不黜，

---

① （宋）李昉等撰：《太平御览》卷591《文郎七·御制上》引《唐书》，第2661页下。

则为祸胎"。唐太宗深知，金无足赤，人无完人。人有才能，就得举用；举用之后，如果发现劣迹，当然不能姑息，但不能因为顾虑重重而不敢大胆地任用人才。对于人才，应该大胆谨慎选拔任用，在使用过程中充分进行考察。敢用敢任，实为补救主观上了解人才难免片面的一项明智的举措。魏徵十分同意唐太宗的这一用人观点。他说："知人之事，自古为难，故考绩黜陟，察其善恶。"[①]

第三，"善任"。知人难，用人更难，难在善任。如果说知人、敢任是善任的前提，那么善任就是知人、敢任的结果。要使任人各展其长，各得其所，必须理解"人才互有长短，不必兼通"的道理。对此，唐太宗深有认识。贞观元年（公元627年），他驳斥封德彝"于今未有奇才"时说："君子用人如器，各取所长。"[②]贞观二十一年（公元647年），他再次重申："人之行能，不能兼备。朕常弃其所短，取其所长。"[③]此前，他也在《金镜》里总结了"舍短从长，然后为美"的用人经验。唐太宗解释用人必须"舍短从长"时，作了"用人如器"的比喻，是十分贴切的。正如器物不能兼具各种用途一样，人也不可能兼备全才。金无足赤，人无完人。所谓

---

① （宋）王钦若等编：《宋本册府元龟》卷629《铨选部一·条制》，第2023页下。

② （宋）司马光编：《资治通鉴》卷192《唐纪八》"上令封德彝举贤"条，第6032页。

③ （宋）司马光编：《资治通鉴》卷198《唐纪十四》"庚辰，上御翠微殿，问侍臣曰"条，第6247页。

人才，自然会有自己的短处与毛病，如果用求全责备的眼光来选拔使用人才，就可能会错失很多的可造之材。事实上，唐太宗在选拔使用人才的过程中，遵循"舍短从长"的方针是十分成功的。如他任用房玄龄、杜如晦、戴胄等人，就是舍短从长的范例。[1]

据新旧唐书记载，房、杜的短处是不善于理狱与处置杂务琐事，长处是多谋善断，唐太宗扬长避短，充分发挥其相才。史载玄龄"不以求备取人，不以己长格物，随能收叙，无隔卑贱。论者称为良相焉"[2]。杜如晦则发挥其"剖断如流"的长处，与房玄龄贴然配合，共掌朝政，"至于台阁规模及典章文物，皆二人所定，甚获当代之誉，谈良相者，至今称房、杜焉。"[3]戴胄的短处是"无学术"、不通经史，唐太宗就不让他担任学馆儒林之职。基于他忠直、秉公办事的长处，一度被任为大理少卿。戴胄处事干练，案无滞留，敢于犯颜执法，能拯唐太宗量刑过失，很使唐太宗欣慰。唐太宗对他的评语是："法有所失，公能正之，朕何忧也。"[4]

为了治理好国家，唐太宗广开才路，采取了以下几项措施。

---

[1] 参见赵克尧、许道勋著：《唐太宗传》，125—128 页。

[2] （后晋）刘昫等撰：《旧唐书》卷66《房玄龄传》，第2461页。

[3] （后晋）刘昫等撰：《旧唐书》卷66《杜如晦传》，第2468页。

[4] （后晋）刘昫等撰：《旧唐书》卷70《戴胄传》，第2532—2533页。

1. 士庶并举

东汉魏晋以来，高层政治几乎为士族地主所垄断。君主选用士族地主，魏晋以来殊为多见，甚至形成士族垄断政权的局面，以致成为禁锢人才发掘的一项弊政。唐太宗力拯前朝用人之失，匡正为得，把眼光转向广大的庶族地主，同时也不放过有才能的士族地主，大胆采取了士庶并举的方针。如他早在藩府时，就注意物色有才能的庶族地主房玄龄、张亮、侯君集等人；同时也信用士族地主高士廉、长孙无忌、杜如晦等人。即位后，罗致士庶地主的条件更为优越了，王珪、韦挺、魏徵、马周均是士庶地主的杰出代表。此外，在使用有才能的士族地主，包括山东士族地主，如崔敦礼、卢承庆、李玄道等人的同时，唐太宗还利用科举制度，争取让更多有才能的庶族地主进入仕途。

2. 官民同申

帝王从官中选官，并不罕见，但把网罗人才的视野转向民间，则为数不多，唐太宗就是其中的佼佼者之一。贞观三年（公元 629 年）四月，唐太宗下诏说："白屋之内，闾阎之人，但有文武材能，灼然可取；或言行忠谨，堪理时务……亦录名状与官人同申。"[1]

---

[1] （宋）宋敏求编：《唐大诏令集》卷 80《典礼·养老·赐孝义高年粟帛诏》，第 460 页。

3. 新故同进

不以"先后新故"划线而禁锢人才，而是德才并举，新故同进，这是唐太宗广开才路的一条成功经验。帝王使用故旧，不足为奇，但能兼而信用新进者则为数不多。唐太宗对新进才士的信用一点也不亚于心腹故旧。例如魏徵为故太子李建成智囊，曾献过早除秦王李世民的秘策。玄武门之变后成为秦王阶下之囚。唐太宗慕其出众的才华，不报私怨，从治国的大局出发，日见亲重，初授谏议大夫，后擢侍中，不到七年时间，魏徵由仇虏而位极人臣，如此心胸开阔、落落大度，在传统帝王中是极为罕见的。唐太宗对魏徵的信任不亚于故旧房、杜，不时召入寝宫卧室，请教治国方略。魏徵亦不负唐太宗厚望，"随事谏正，多中朕失，如明鉴照形，美恶毕见"[①]。

4. 汉夷并用

古来帝王无不重汉轻夷，唐太宗则针砭古人皆贵中华的偏向，匡正为不贱夷狄一视同仁的民族政策。在中国古代历史上，能用敢用夷人者，只有汉武帝能与唐太宗媲美。如突厥族的阿史那社尔"以智勇闻"，深为唐太宗器重，贞观十四年（公元640年），出征高昌，唐太宗以他为"交河道行军总管"，战毕，"美其廉"[②]。阿史那忠，"所历皆以清谨见称，

---

① （宋）欧阳修、宋祁撰：《新唐书》卷132《吴兢传》，第4527页。
② （宋）欧阳修、宋祁撰：《新唐书》卷110《阿史那社尔传》，第4114—4115页。

时人比之金日磾"①。铁勒族酋长契苾何力内附后，唐太宗授职他左领军将军。贞观九年（公元635年）平吐谷浑，唐军汉将被困，"何力驰壮骑，冒围奋击，虏披靡去"②，太宗擢为北门宿卫。种种事例说明，唐太宗对夷族将领的使用，同汉族将领一样是坚持任人唯贤、一视同仁政策的，这是唐太宗广开才路的又一成功经验。

正是由于唐太宗懂得人无完人的道理，能够不拘一格充分发掘人才，并能发挥各人所长，故贞观年间人才鼎盛，一时形成了"唐兴，贤人在位众多"③"茂绩殊勋，冠冕列辟"的空前盛况。有的"材推栋梁，谋猷经远，绸缪帷帐，经纶霸图"；有的"学综经籍，德范光茂，隐犯同致，忠说日闻"；有的"竭力义旗，委质藩邸，一心表节，百战标奇"④。各种各样的人才，从政治、军事、文化等各个方面效力唐太宗，这正是唐太宗"用人如器""舍短从长"的方针收到实效的生动体现。纵观贞观一代，可谓人才辈出。图画于凌烟阁的二十四位功臣：长孙无忌、李孝恭、杜如晦、魏徵、房玄龄、高士廉、尉迟敬德、李靖、萧瑀、段志玄、刘弘基、屈突通、殷开山、柴绍、长孙顺德、张亮、侯君集、张公谨、程知节、

---

① （后晋）刘昫等撰：《旧唐书》卷109《阿史那社尔传附阿史那忠传》，第3290页。

② （宋）欧阳修、宋祁撰：《新唐书》卷110《契苾何力传》，第4117页。

③ （宋）欧阳修、宋祁撰：《新唐书》卷196《隐逸传序》，第5594页。

④ （后晋）刘昫等撰：《旧唐书》卷65《长孙无忌传》，第2452页。

虞世南、刘政会、唐俭、李勣、秦叔宝等。此外，还有著名的文学之士如姚思廉、陆德明、孔颖达、颜师古等；有卓越的书法家和画家如欧阳询、褚遂良、阎立德、阎立本等；还有杰出的少数民族将领如阿史那社尔、契苾何力、执失思力等。这些谋臣猛将、文人学士都在"贞观之治"中充分发挥了他们的才干智慧，成为唐太宗广开才路、惟求其材的典型案例，也是促成贞观之治的重要原因。①

二、才德兼备，任贤致治

唐太宗坚持用人"才行兼备"的标准，目的是仍然为了任贤致治。贞观元年（公元 627 年），他对杜正伦说："朕今令举行能之人，非朕独私于行能者，以其能益于百姓也。"②唐太宗求贤举能，虽然"敢任"并且不拘一格，但并没有放松对所任官员的"才行"方面的要求。他的所谓"任官惟贤才"③。"贤才"是指才德兼备的人。之所以如此，是因为国家安定下来后，唐太宗对于所任的治民之官心中并不踏实。《贞观政要》中说：

---

① 参见赵克尧、许道勋著：《唐太宗传》，第 130—134 页。
② （后晋）刘昫等撰：《旧唐书》卷 70《杜正伦传》，第 2542 页。
③ （唐）吴兢撰，谢保成集校：《贞观政要集校》卷 3《论择官第七》，第 155 页。

贞观二年，太宗谓侍臣曰："朕每夜恒思百姓间事，或至夜半不寐，惟恐都督、刺史堪养百姓以否。故于屏风上录其姓名，坐卧恒看，在官如有善事，亦具列于名下。朕居深宫之中，视听不能及远，所委者惟都督、刺史，此辈实理乱所系，尤须得人。"①

贞观二年（公元 628 年），唐太宗对侍臣说："我每天夜里常想百姓当中的事情，有时到深更半夜还不能入睡。最担心的是都督、刺史是否胜任安抚百姓的重任。所以在屏风上记下他们的姓名，坐和躺都经常看着，居官如果做了好事，也全写在他的名字下边。我居住在深宫之中，视听都不能达到远处，所委托的只有都督与刺史，这些人实在决定着国家的安危，尤其需要得到称职的人。"

可见，唐太宗对于治民之官的称职与否是十分在意的，因为战争与统一需要，唐太宗前期选贤任能，重在才能。但当治理国家提到日程上时，他认识到任贤应该"才行兼备"才能胜任，故时常恐惧在心，以至于达到了寝卧不安的地步。

贞观六年，太宗谓魏徵曰："古人云，王者须为官择人，不可造次即用。朕今行一事，则为天下所观；出一言，则为天下所听。用得好人，为善者皆劝；误用恶人，不善者竞

---

① （唐）吴兢撰，谢保成集校:《贞观政要集校》卷 3《论择官第七》，第 157 页。

进。赏当其劳，无功者自退；罚当其罪，为恶者戒惧。故知赏罚不可轻行，用人弥须慎择。"徵对曰："知人之事，自古为难，故考绩黜陟，察其善恶。今欲求人，必须审访其行。若知其善，然后用之，设令此人不能济事，只是才力不及，不为大害。误用恶人，假令强干，为患极多。但乱代惟求其才，不顾其行。太平之时，必须才行俱兼，始可任用。"①

贞观六年（公元 632 年），唐太宗对魏徵谈到"为官择人，不可造次即用"，"用人弥须慎择"时，魏徵曾回答说："乱代惟求其才，不顾其行。太平之时，必须才行俱兼，始可任用。"魏徵的这段话，亦表达了唐太宗选任贤才原则前后两个阶段的变化。

从晋阳起兵到平定天下的岁月，即是魏徵所说的"乱代"。这一期间，唐太宗为网罗文武人才，凡有所长可为己所用者，不问其出身尊卑，也不顾是否出于敌对阵营，一旦愿意效命，他都重用不疑，根据个人的特点委以重任。至于这些被任用者的德行如何，他也无从更多地过问。

到贞观六年（公元 632 年），形势已经发生了巨大的变化，"治理时代"已经到来，军事标准第一已经让位给经济标准第一，适应形势变化的要求，唐太宗在任贤举能方面更加严格要求，由"唯才是举"转变为"才行兼备"。

---

① （唐）吴兢撰，谢保成集校：《贞观政要集校》卷 3《论择官第七》，第 161 页。

　　唐太宗虽然重才，但也重德，他强调选才不能缺德，力争德才兼备。如贞观十五年（公元641年），唐太宗下诏求贤说："或识达公方，学综今古，廉洁正直，可以经国佐时；或孝悌淳笃，节义昭显，始终不移，可以敦风历俗；或儒术通明，学堪师范；或文章秀异，才足著述。并宜荐举，具以名闻。"[1] 这里的"廉洁正直""孝悌惇笃""节义昭显""学堪师范"等等都是对所选官员品行方面的要求。

　　纵观贞观年间，唐太宗基本遵循才德兼备的标准去衡量人才、选拔人才。不管是至亲、勋旧，还是疏远、昔仇，只要"才行俱备"，就及时予以任用。他重用曾为疏、仇的魏徵、马周，就是着眼于才德兼备这一标准的。对于至亲、勋旧，若是才德兼备的，自然亦予以重任。贞观七年（公元633年），唐太宗册封国舅长孙无忌为司空，有人散布"私亲之诮"，唐太宗声称："朕若以无忌居后兄之爱，当多遗子女金帛，何须委以重官，盖是取其才行耳。"[2] 反之，如果"才行不至"，疏、仇自然不会任用，即使亲如贵戚，亦不虚授。正如他自己所言的："朕于宗亲以及勋旧无行能者，终不任之。"[3] 唐太宗之言，征之史实，还是基本相符的。武德九年（公元626年）九月，唐太宗计功行赏，叔父李神通被排除

---

① （宋）王钦若等编：《宋本册府元龟》卷645《贡举部七·科目》，第2135页下。
② （后晋）刘昫等撰：《旧唐书》卷65《长孙无忌传》，第2447—2448页。
③ （后晋）刘昫等撰：《旧唐书》卷70《杜正伦传》，第2542页。

一等功臣之外，位居房、杜之下，李神通表示"不服"，就以
宗亲之贵与太原首义之勋的身份同房玄龄争功。唐太宗公正
无偏，历数其叔"山东未定，受委专征，建德南侵，全军陷
没；及刘黑闼翻动，叔父望风而破"。①既无将才，又无功于
国，焉能挟亲邀求官赏，驳得李神通面红耳赤，无言以对，
只得乖乖位列房、杜之下，仅授闲职而已。不久，无宗亲之
贵但才德兼备的房、杜，更是被重用擢升为宰相。

才德兼备，是指才与德的统一并兼而有之，唐太宗选才任
贤是坚持这一高标准的。在他看来，有德乏才或有才缺德均
不为美，都不应该予以重用。如杨恭仁在隋已有清廉政声，
入唐更是谨慎有加，谦恭下士，可谓誉称德义；但其人才学
不显，武德初一度以资历遥授宰相，贞观初贬为外官，唐太
宗盖以其无有相才故也，因此终其任内不见超擢。另外，对
于"才优行薄"者，即使亲如故旧，唐太宗亦不轻易予以重
任。许敬宗终贞观一代未至高位就是明显一例。"许高阳（许
敬宗）武德之际，已为文皇入馆之宾，垂三十年，位不过列
曹尹，而马周、刘洎起羁旅徒步，六七年间，皆登宰执。考
其行实，则高阳之文学宏奥，周、洎无以过之，然而太宗任
遇相殊者，良以高阳才优而行薄故也。"②这个史论，从正反
两个方面反映了唐太宗任贤坚持才德兼备的标准。

---

① （后晋）刘昫等撰：《旧唐书》卷60《宗室·淮安王李神通传》。
② （后晋）刘昫等撰：《旧唐书》卷82《许敬宗传》附"史臣曰"，第2772页。

为了贯彻"才行俱兼"的任贤标准，唐太宗甚至制定了"考课之法"。考课的依据有"四善""二十七最"[①]。

"四善"指"一曰德义有闻，二曰清慎明著，三曰公平可称，四曰恪勤匪懈"[②]。是对官员个人政治素质和一般品质的共同要求，适用于从九品至正一品的全体官员。

"二十七最"，是把政治、经济、司法、军事、文化、宗教等各方面的职官分成二十七类，而订出业务上的二十七种考课标准。根据《唐六典》卷2《尚书吏部》"考功郎中员外郎条"的记载，其内容如下：[③]

（1）"献替可否，拾遗补阙，为近侍之最。"

（2）"铨衡人物，擢尽才良，为选司之最。"

（3）"扬清激浊，褒贬必当，为考校之最。"

（4）"礼制仪式，动合经典，为礼官之最。"

（5）"音律克谐，不失节奏，为乐官之最。"

（6）"决断不滞，与夺合理，为判事之最。"

（7）"部统有方，警守无失，为宿卫之最。"

（8）"兵士调习，戎装充备，为督领之最。"

（9）"推鞫得情，处断平允，为法官之最。"

---

① 参见赵克尧、许道勋著：《唐太宗传》，第139—141页。

② 唐玄宗御撰，李林甫等注：《唐六典》卷2《尚书吏部》考功郎中员外郎条，第42页。

③ 唐玄宗御撰，李林甫等注：《唐六典》卷2《尚书吏部》考功郎中员外郎条，第42—43页。

（10）"雠校精审，明于刊定，为校正之最。"

（11）"承旨敷奏，吐纳明敏，为宣纳之最。"

（12）"训导有方，生徒充业，为学官之最。"

（13）"赏罚严明，攻战必胜，为将帅之最。"

（14）"礼义兴行，肃清所部，为政教之最。"

（15）"详录典正，词理兼举，为文史之最。"

（16）"访察精审，弹举必当，为纠正之最。"

（17）"明于勘覆，稽失无隐，为句检之最。"

（18）"职事修理，供承强济，为监掌之最。"

（19）"功课皆充，丁匠无怨，为役使之最。"

（20）"耕耨以时，收获剩课，为屯官之最。"

（21）"谨于盖藏，明于出纳，为仓库之最。"

（22）"推步盈虚，究理精密，为历官之最。"

（23）"占候医卜，效验居多，为方术之最。"

（24）"讥察有方，行旅无壅，为关津之最。"

（25）"市廛不扰，奸滥不行，为市肆之最。"

（26）"牧养肥硕，蕃息孳多，为牧官之最。"

（27）"边境肃清，城隍修理，为镇防之最。"

对于官员的考核评定的等第，是以品德与业务两方面结合起来衡量的，共九等：

　　一最已上有四善为上上；一最已上有三善，或无最而有四善为上中；一最已上有二善，或无最而有三善为上下，一

最已上有一善，或无最而有二善为中上；一最已上，或无最
而有一善为中中；职事粗理，善最弗闻为中下；爱憎任情，
处断乖理为下上；背公向私，职务废阙为下中；居官谄诈，
贪浊有状为下下。①

　　善最之外，对于某些官员的考课还有一些具体规定，
如根据地方州县官在户口增长、劝课农桑方面的政绩好
坏另有升降的标准：

　　抚育有方，户口增益者，各准见户为十分论，每加一
分，刺史、县令各进考一等。……若抚育乖方，户口减损
者，各准增户法，亦每减一分降一等。其劝课农田能使丰殖
者，亦准见地为十分论，每加二分，各进考一等，其有不加
劝课以致减损者，每损一分，降考一等。②

　　唐太宗根据官善与官最，把官员考第分为九等。这些考
核措施虽然不可能全面贯彻，但是从中却能反映出唐太宗坚
持"才行俱兼"的任贤路线。

---

　　① 唐玄宗御撰，李林甫等注：《唐六典》卷2《尚书吏部》考功郎中员外郎条，
第43页。
　　② （唐）杜佑撰：《通典》卷15《选举三·考绩》，中华书局1988年版，第371页。

第四章　广开言路　兼听则明

纵览贞观一代，谏臣济济，魏徵、王珪、虞世南等皆为一时之选。诸臣之敢谏，实由于唐太宗之能受谏。君明，臣易直，敢于提意见，不怕犯逆鳞。君昏，臣难直，稍谏即怒或杀，何人更敢直言？只有"导之使谏"，才能广开言路，收"天下大治"之大效。贞观之初，唐太宗志在大治，"恐人不言，导之使谏。"由于唐太宗的积极倡导与虚心纳谏，谏诤风行一时。当时犯颜直谏、面折廷争的事例屡见不鲜。上自宰相御史，下至县官小吏，旧部新进，甚至宫廷嫔妃，都有人敢于直言切谏。这种开明的政治局面，在中国古代历史上是少见的。一部《贞观政要》，关于唐太宗为治理好国家与进谏官员们的问答政事记载不少，可见唐太宗是把谏官当作身边的"侍臣"，往往"有所开说，必虚己纳之"。离开了唐太宗的求言意识与广开言路之风，所谓"贞观之治"也许就要逊色不少。

一、求谏纳谏，兼听纳下

谏官的兴衰与唐王朝的兴衰有着密切的关系。

谏官盛则王朝盛，谏官衰则王朝衰。虽然谏官的作用十分的重要，但谏官的谏诤必须在被皇帝接受之后才能起到作用。所以，谏诤能否收效，在很大程度上取决于皇帝纳谏的态度。隋代在文帝时谏官能起到一定的作用。到炀帝时就不同了，他是历史上有名的暴君，饰非拒谏，即位以后，索性连谏官都被取消了。唐初统治者深以隋亡为戒，懂得纳谏的重要性。武德元年（公元618年），万年县法曹孙伏伽向唐高祖上奏说：

> 臣闻天子有诤臣，虽无道不失其天下……隋后主所以失天下者何也？止为不闻其过。当时非无直言之士，由君不受谏，自谓德盛唐尧，功过夏禹，穷侈极欲，以恣其心。天下之士，肝脑涂地，户口减耗，盗贼日滋，而不觉知者，皆由朝臣不敢告之也。[1]

唐高祖览奏章后甚喜，赞扬孙伏伽"至诚慷慨，词义恳切，指陈得失，无所回避"。[2]次年，高祖又对尚书右仆射裴寂说：

---

[1]　（后晋）刘昫等撰：《旧唐书》卷75《孙伏伽传》，第2634页。

[2]　（后晋）刘昫等撰：《旧唐书》卷75《孙伏伽传》，第2636页。

隋末无道，上下相蒙，主则骄矜，臣惟谄佞。上不闻过，下不尽忠，至使社稷倾危，身死匹夫之手。朕拨乱反正，志在安人，平乱任武臣，守成委文吏，庶得各展器能，以匡不逮。比每虚心接待，冀闻谠言。[1]

可见唐代统治者从一开国就重视纳谏的重要性。唐太宗时对谏官更加尊重和信任。他曾对大臣们说："每思臣下有谠言直谏，可以施于政教者，当拭目以师友待之。"[2]唐太宗之所以能成为中国历史上一位屈指可数的杰出政治家，实与他雄才大略而从谏如流、位极人主而兼听纳下的帝王品行有着很大的关系。贞观年间，由于唐太宗求谏纳谏，兼听纳下，君臣共商国事，谏诤蔚然成风，使国家很快从乱到治，这是迎来"贞观之治"的一个重要因素。

贞观年间谏诤之盛，是有特殊历史原因的。隋末农民大起义的汹涌波涛，隋王朝由盛而衰迅即灭亡的短促行程，不能不给亲眼目睹这幅历史画卷的唐太宗以特别深刻的印象。他秉国之后，经常以隋亡为鉴，多次和大臣、太子谈论应该怎样才能治理好国家，并表现出一种"畏惧"心情。

为什么唐太宗如此热心地求谏、纳谏呢？究其根源，行动受思想支配。除了前面提到的隋王朝灭亡的残酷教训外，

---

① （后晋）刘昫等撰：《旧唐书》卷75《孙伏伽传》，第2636页。

② （唐）吴兢撰，谢保成集校：《贞观政要集校》卷1《政体第二》，第49页。

唐太宗的开明政见，跟他想做明君，想成大事的目标是有着重要关系的。贞观君臣多次讨论治理国家之道，从求治中深刻认识到了求谏纳谏，兼听纳下的重要性。

据《资治通鉴》记载，贞观二年（公元628年）正月，唐太宗提出一个发人深省的问题：何为明主，何为暗主？

> 上问魏徵曰："人主何为而明，何为而暗？"对曰："兼听则明，偏信则暗。昔尧清问下民，故有苗之恶得以上闻；舜明四目，达四聪，故共、鲧、灌、马兜不能蔽也。秦二世偏信赵高，以成望夷之祸；梁武帝偏信朱异，以取台城之辱；隋炀帝偏信虞世基，以致彭城阁之变。是故人君兼听广纳，则贵臣不得拥蔽，而下情得以上通也。"上曰："善！"①

当唐太宗提出明主暗主问题后，魏徵立刻回答说："兼听则明，偏信则暗。"紧接着，魏徵又列举秦二世、梁武帝、隋炀帝"偏信"则亡的历史教训，证明"人君兼听广纳，则贵臣不得拥蔽，而下情得以上通也"的结论，得到了唐太宗的赞许。

关于如何做好明主，防止成为暗主的讨论，《贞观政要》中有更详细的记载：

---

① （宋）司马光编：《资治通鉴》卷192《唐纪八》"上问魏徵曰"条，第6047页。

贞观二年，太宗谓侍臣曰："明主思短而益善，暗主护短而永愚。隋炀帝好自矜夸，护短拒谏，诚亦实难犯忤。虞世基不敢直言，或恐未为深罪。其箕子佯狂自全，孔子亦称其仁。及炀帝被杀，世基合同死否？"杜如晦对曰："天子有诤臣，虽无道不失其天下。仲尼称：'直哉史鱼，邦有道如矢，邦无道如矢。'世基岂得以炀帝无道，不纳谏诤，遂杜口无言？偷安重位，又不能辞职请退，则与箕子佯狂而去，事理不同。昔晋惠帝贾后将废愍怀太子，司空张华竟不能苦争，阿意苟免。赵王伦举兵废后，遣使收华，华曰：'将废太子日，非是无言，当时不被纳用。'其使曰：'公为三公，太子无罪被废，言既不从，何不引身而退？'华无词以答，遂斩之，夷其三族。古人有云：'危而不持，颠而不扶，则将焉用彼相？'故'君子临大节而不可夺也。'张华既抗直不能成节，逊言不足全身，王臣之节固已坠矣。虞世基位居宰辅，在得言之地，竟无一言谏诤，诚亦合死。"太宗曰："公言是也。人君必须忠良辅弼，乃得身安国宁。炀帝岂不以下无忠臣，身不闻过，恶积祸盈，灭亡斯及。若人主所行不当，臣下又无匡谏，苟在阿顺，事皆称美，则君为暗主，臣为谀臣，君暗臣谀，危亡不远。朕今志在君臣上下，各尽至公，共相切磋，以成理道。公等各宜务尽忠谠，匡救朕恶，终不以直言忤意，辄相责怒。"①

---

① （唐）吴兢撰，谢保成集校：《贞观政要集校》卷2《求谏第四》，第85—86页。

贞观五年（公元631年），唐太宗提到了君臣"既义均一体，宜协力同心，事有不安，可极言无隐"①的重要性。唐太宗对侍臣说："治理国家与养病没有多少区别。病人感觉疾病已治好，就更加需要将息保护，倘若再触发病根而犯病，一定会导致死亡。治理国家也是这样，天下稍为安定，尤其需要加倍小心，谨慎行事。如果以为太平无事就骄奢淫逸，必定会导致灭亡。现在天下的安危，关系在朕的身上，所以朕一天比一天谨慎，虽有享受的条件也不敢去追求享受。然而耳目股肱的作用，寄托在你们身上，既然君臣是一个整体，就应协力同心。事情有不稳妥的地方，就应该极力规谏，毫无隐瞒。倘若君臣互相猜疑，不能完全说出肺腑之语，实在是治理国家的大害啊。"

贞观六年（公元632年），唐太宗与群臣论治。唐太宗对侍臣说："朕看古代的帝王，有兴盛之时也有衰败之时，就像白天之后有夜晚，都是闭塞了自己的耳目，不知当时的政治得失。忠心正直的人不劝谏，奸邪谗诂的人一天天得势，国君已经看不到自己的过失，所以导致灭亡。朕居于深宫，不可能完全看到天下的事情，因此将了解下情的任务委托给你们，让你们作为朕的耳目。不要认为天下太平无事，四海安宁，就不小心在意。《尚书》说：'可爱的不是国君吗？可畏的不是百姓

---

① （唐）吴兢撰，谢保成集校：《贞观政要集校》卷1《政体第二》，第33页。

吗?' 做国君的，如果有道，百姓就拥戴他做国君；无道，百姓就抛弃不用他。这实在是值得敬畏啊!"魏徵回答说："自古以来，丧失国家的君主，都因为在安定时忘记了危险，处在治平时忘记了混乱，所以帝业不能长久。现在陛下拥有天下，国家内外清平安定，能够留心治国方法，常常像面临深渊、足踩薄冰那样小心谨慎地办事，国家的运数，自然会绵延久长。"在这次谈话中，魏徵借用《荀子》《孔子家语》中的"君，舟也；人，水也。水能载舟，亦能覆舟"①的典故，来告诫唐太宗时刻保持清醒头脑，留心治道的重要性。

　　贞观十一年（公元 637 年）四月，魏徵在给唐太宗的论时政第二疏中指出："怨不在大，可畏惟人。载舟覆舟，所宜深慎。"②同年，因大雨成灾，洪水淹入洛阳宫，中书侍郎岑文本"上封事"说："仲尼曰：'君犹舟也，人犹水也，水所以载舟，亦所以覆舟。'"③魏徵、岑文本的"舟水之谏"得到了唐太宗的肯定。

　　贞观十七年（公元 643 年）闰六月，李治立为皇太子不久，唐太宗在日常起居中就开始给予他一系列教导。如见太子坐船，太宗就诲谕说："舟况人君，水比黎庶，水能载舟，亦能覆舟。尔方为人君，可不畏惧。"④

---

① （唐）吴兢撰，谢保成集校：《贞观政要集校》卷 1《政体第二》，第 33—34 页。

② （后晋）刘昫等撰：《旧唐书》卷 71《魏徵传》，第 2552 页。

③ （后晋）刘昫等撰：《旧唐书》卷 70《岑文本传》，第 2537 页。

④ （宋）王钦若等编：《宋本册府元龟》卷 157《帝王部一五七·诫励二》，第 316 页下。

　　由上可见，贞观君臣充分认识到了民众在国家政治生活中的巨大作用，也认识到了兢兢业业治理国家对于维护他们统治"长治久安"的重要性。如果治理"无道"，就很可能会像显赫一时的秦、隋王朝一样如同一叶之舟，被淹没在民众造反的汪洋大海之中。因此，明智而清醒的唐太宗，极力强调"虚己纳谏"的重要性，"冀闻谏诤，知政教得失"，以防止"覆舟"事件的重演。为此，唐太宗对公卿大臣们申戒："人欲自照，必须明镜；主欲知过，必藉忠臣。主若自贤，臣不匡正，欲不危败，岂可得乎？故君失其国，臣亦不能独全其家。至如隋炀帝暴虐，臣下钳口，卒令不闻其过，遂至灭亡，虞世基等，寻亦诛死。前事不远，公等每看事有不利于人，必须极言规谏。"①

　　毫无疑问，贞观谏诤的目的在于保障唐王朝的长治久安和统治阶级的长远利益。正如唐太宗对大臣们所说："公等善相辅弼，使兆庶得所，此乃长保富贵，荫及子孙。"②但这正是唐太宗君臣"规谏""纳谏"的动力与合理性的来源。

　　毛泽东在《矛盾论》中指出："唐朝人魏徵说过：'兼听则明，偏信则暗。'也懂得片面性不对。"在人类认识史上，提出"兼听"新命题，无疑是一种卓越的见解。唐太宗和魏徵一样，懂得主观片面性不对，深知任何人的才智都是有限的，

---

　　① （唐）吴兢撰，谢保成集校：《贞观政要集校》卷2《求谏第四》，第83页。
　　② （唐）吴兢撰，谢保成集校：《贞观政要集校》附《写字方本卷第四》，第568页。

即使皇帝也不例外。正因为唐太宗不把自己当作"尽善"的完人，因而主张依靠臣下，集思广益。他对大臣们说："朕既在九重，不能尽见天下事，故布之卿等，以为朕之耳目。"①他深知，作为帝王，如果炫耀聪明，傲视臣下，就会有亡国的危险。隋炀帝不就是一面镜子吗？这位"好自矜夸"的暗主，护短拒谏，偏信了虞世基。反对隋王朝的斗争早已风起云涌，而虞世基报喜不报忧，隋炀帝什么都不知道。下情不得上通，其结果是身死而国亡。贞观三年（公元629年）十二月，在讨论《论语》经义时，孔颖达提醒唐太宗说："若位居尊极，炫耀聪明，以才陵人，饰非拒谏，则下情不通，取亡之道也。"唐太宗听了，"深善其言。"②为了避免重踏亡隋的覆辙，唐太宗特别强调"朕遇千虑一失，必望有犯无隐"③，希望臣工们踊跃谏诤。

唐太宗经常强调这样一句话："主纳忠谏，臣进直言。"④所谓直言忠谏，就是要臣下们务尽忠诚于皇帝，忠诚于政事。"君臣之义，得不尽忠匡救乎？"⑤这就是贞观谏诤的中心内容。

事实上，早在武德九年（公元626年）六月，李世民刚被

---

① （唐）吴兢撰，谢保成集校：《贞观政要集校》卷1《政体第二》，第33页。

② （宋）司马光编：《资治通鉴》卷193《唐纪九》"乙酉，上问给事中孔颖达曰"条。

③ 王方庆撰：《魏郑公谏录》卷3"对西蕃通来几时"条，第9a页。

④ （唐）吴兢撰，谢保成集校：《贞观政要集校》卷3《君臣鉴戒第六》，第147页。

⑤ （唐）吴兢撰，谢保成集校：《贞观政要集校》卷1《政体第二》，第33页。

立为皇太子时，就"令百官各上封事"①。所谓"上封事"，就是文武官吏们提出关于治理国家的意见与建议。八月正式即位后，他又号召百官"上封事"。短短的几个月里，上书奏疏之多，简直像雪片似的飞来。武德九年（公元626年）十二月，唐太宗对司空裴寂说："比有上书奏事，条数甚多，朕总粘之屋壁，出入观省，所以孜孜不倦者，欲尽臣下之情。每一思治，或二更方寝，亦望公辈用心不倦，以副朕之心也。"②可见，唐初唐太宗李世民励精图治，对臣下们的意见是何等的重视！

不过，倡导谏诤，首先必须打消臣僚们的顾虑。如果动辄得咎，谁还敢讲话呢？唐太宗在这方面就做得很好。

贞观元年（公元627年），唐太宗上朝时，威容严峻，臣僚上书奏事，失其举措，顾忌重重。唐太宗知道后，马上改变态度，和颜悦色，诚恳地听取谏言。③

贞观八年（公元634年），唐太宗看到一些官员奏事时，呈现一副恐惧不安的样子，连言语都颠三倒四，于是再次强调："寻常奏事，情犹如此，况欲谏诤，必当畏犯逆鳞。所以每有谏者，纵不合朕心，亦不以为忤。若即嗔责，深恐人怀战惧，岂肯更言！"④这番话表明，唐太宗胸怀宽广，乐于听

---

① （后晋）刘昫等撰：《旧唐书》卷2《太宗本纪上》，第29页。

② （宋）王钦若等编：《宋本册府元龟》卷58《帝王部五十八·勤政》，第85页下。

③ （宋）司马光编：《资治通鉴》卷192《唐纪八》"上神采英毅"条，第6040页。

④ （唐）吴兢撰，谢保成集校：《贞观政要集校》卷2《求谏第四》，第87—88页。

取和自己不同的意见，也很懂得如何鼓励臣工遇事直谏。

此外，唐太宗还用奖赏办法，鼓励臣下直谏。例如，有个人名叫元律师，被判死罪，司法官员孙伏伽进谏说：根据法律，此人不该处死，怎么可以滥加刑罚呢！唐太宗听后，认为意见提得好，就赐给孙伏伽兰陵公主园，价值百万钱。有人说：孙伏伽所谏的是平常事，奖赏太厚了。唐太宗则认为，即位以来，未有谏净的人，所以特给重赏。[①]终贞观之世，对于上书切谏有功者，唐太宗都会予以物质鼓励。如贞观四年（公元 630 年），给事中张玄素谏修洛阳宫，赐彩二百匹。[②]贞观八年（公元 634 年），中牟丞皇甫德参上书切谏，赐绢二十段。[③]贞观十一年（公元 637 年），侍御史马周上疏，赐物百段。[④]贞观二十二年（公元 648 年），嫔妃徐氏上疏切谏，太宗特加优厚的赏赐。[⑤]如此等等，不一而足。

总之，"诸臣之敢谏，实由于帝之能受谏也。"[⑥]君明，臣易直，敢于提意见，不怕犯逆鳞；君昏，臣难直，稍谏即怒

①　（宋）欧阳修、宋祁撰：《新唐书》卷 97《魏征传》，第 3873 页。

②　（后晋）刘昫等撰：《旧唐书》卷 75《张玄素传》，第 2639—2641 页。

③　（宋）司马光编：《资治通鉴》卷 194《唐纪十》"中牟丞皇甫德参上言"条，第 6109 页。

④　（唐）吴兢撰，谢保成集校：《贞观政要集校》卷 4《论太子诸王定分第九》，第 192—193 页。

⑤　（后晋）刘昫等撰：《旧唐书》卷 51《后妃上·太宗贤妃徐氏传》，第 2167—2169 页。

⑥　（清）赵翼著，王树民校证：《廿二史札记校证》卷 19"贞观中直谏者不止魏徵"条，中华书局 2013 年版，第 419 页。

或杀，何人更敢直言？只有"导之使谏"，才能广开言路，收"天下大治"之大效。"贞观之初，恐人不言，导之使谏。"[①]由于唐太宗的积极倡导与虚心纳谏，谏诤风行一时。当时犯颜直谏、面折廷争的事例屡见不鲜。上自宰相御史，下至县官小吏，旧部新进，甚至宫廷嫔妃，都有人敢于直言切谏。这种开明的政治局面，在中国古代历史上是少见的。

纵观贞观一代，谏臣济济，其中最杰出的当推魏徵。史称魏徵"雅有经国之才，性又抗直，无所屈挠"。[②]唐太宗即位之初，经常召魏徵到他的卧室内，访以得失。短短的几年里，魏徵所陈谏的多达二百余事，深得唐太宗的赞赏。贞观三年（公元 629 年）二月，唐太宗提拔魏徵为秘书监，"参预朝政，深谋远算，多所弘益。"[③]魏徵敢于直谏，据理力争，有时不留情面，把唐太宗弄得很是尴尬。有一次，唐太宗正在玩耍一只漂亮的鹞鸟，远远地望见魏徵来了，赶紧把鸟儿藏在怀里，唯恐被知道又招来意见。魏徵奏事故久不已，唐太宗只好静听，最后那只鹞鸟竟闷死在唐太宗的衣怀里。[④]当然，作为居位尊极的君主，唐太宗有时免不了发火。贞观六

① （唐）吴兢撰，谢保成集校：《贞观政要集校》卷2《纳谏第五附直言谏争》，第 142 页。

② （后晋）刘昫等撰：《旧唐书》卷 71《魏征传》，第 2547 页。

③ （唐）吴兢撰，谢保成集校：《贞观政要集校》卷2《任贤第三》，第 62 页。

④ （宋）李昉等撰：《太平御览》卷 926《羽族部十三·鹞》引《唐书》，第 4116 页下。

年（公元 632 年）三月，一次罢朝后，唐太宗大骂道："会须杀此田舍翁。"长孙皇后忙问为谁发怒，唐太宗答："魏徵每廷辱我。"长孙皇后说："妾闻主明臣直；今魏徵直，由陛下之明故也，妾敢不贺！"[①]这几句话相当有策略，既肯定了魏徵的刚直，更颂扬了唐太宗的英明。长孙皇后的劝谏，让唐太宗由怒而喜，认识到了自己的错误。在君臣彼此相处的十七年里，魏徵始终以直谏著称，而唐太宗对他也往往是言听计从。贞观十七年（公元 643 年）正月，魏徵因病逝世，唐太宗十分悲痛。他颁布诏令，号召臣僚们以魏徵为榜样，做到直言无隐。唐太宗特地登上凌烟阁，默默地对着魏徵的画像，情不自禁地作了一首诗："劲篠逢霜摧美质，台星失位夭良臣。唯当掩泣云台上，空对余形无复人。"[②]表达了对魏徵这位头号谏臣无限的哀思与悼念。

　　清代史学家赵翼在评论唐太宗纳谏时指出："盖亲见炀帝之刚愎猜忌，予智自雄，以致人情瓦解而不知，盗贼蜂起而莫告，国亡身弑，为世大傻。故深知一人之耳目有限，思虑难周，非集思广益，难以求治。"[③]这是符合历史实际的。

---

① （宋）司马光编：《资治通鉴》卷 194《唐纪十》"长乐公主将出降"条，第 6096 页。

② （唐）王方庆编：《魏郑公谏录》卷 5，"太宗幸苑西楼观葬"条，第 15a 页。

③ （清）赵翼著，王树民校证：《廿二史札记校证》卷 19 "贞观中直谏者不止魏徵"条，第 419 页。

二、健全封驳与谏官制度

唐太宗不但具有求谏，纳谏的政治思想基础。值得注意的是，他还从制度上保证广开言路。为了发挥大小官员的谏诤作用，以便兼听博取，共相切磋，防止专断，造成弊政，唐太宗采取了几项重要的措施。

1. 进一步健全封驳制度

唐初沿袭了隋朝的三省六部制。三省即尚书省、中书省与门下省；尚书令、中书令与侍中就是宰相。因唐太宗即位前曾任尚书令，故贞观时期尚书令不实授，左右仆射即为宰相。唐太宗为了集思广益，往往让一些职位稍低的官员以"参预朝政"的名义，加入到最高决策集团。如贞观元年（公元627年），御史大夫杜淹检校吏部尚书，参预朝政。贞观三年（公元629年），魏徵守秘书监，参预朔政。贞观四年（公元630年）太常卿萧瑀为御史大夫，与宰臣参议朝政。贞观十三年（公元639年），刘洎为黄门侍郎，参知政事。贞观十七年（公元643年），张亮为刑部尚书，参预朝政。贞观十八年（公元644年），黄门侍郎褚遂良参预朝政，等等。①通过这样的渠道，唐太宗就能够了解更多的意见，在兼听博

① （后晋）刘昫等撰：《旧唐书》卷2《太宗本纪上》，第33、36页；《旧唐书》卷3《太宗本纪下》，第39、45、56页。（宋）欧阳修、宋祁撰：《新唐书》卷2《太宗本纪》，第39页。

采的基础上，作出符合实际的决策。

唐太宗还重申了中书省和门下省办事的旧制。原来，按照规定，军国大事要由六位中书舍人各陈所见，并且杂署其名，谓之"五花判事"。制敕诏命草成，经由中书侍郎、中书令审查；然后交门下省（给事中、黄门侍郎）封驳，论其得失，继由宰相秉公而断；最后由皇帝裁决，交尚书省，付外执行。但是，在实际操作过程中情况则不尽然。贞观元年（公元627年），唐太宗强调："中书所出诏敕，颇有意见不同，或兼错失而相正以否。元置中书、门下，本拟相防过误。人之意见，每或不同，有所是非，本为公事。"希望大臣们"特须灭私徇公，坚守直道，庶事相启沃，勿上下雷同也。"① 贞观二年（公元628年），唐太宗察觉不少大臣"阿旨顺情，唯唯相尚，遂无一言谏诤"②，因而再次重申，"中书、门下，机要之司，擢才而居，委任实重。诏敕如有不便，皆须执论……若唯署敕行文而已，人谁不堪，何须简择，以相委付？自今以后，诏敕疑有不稳，必须执之。"③ 可见，唐太宗要求大臣们敢于负责，敢于讲话，可以驳回不妥当的政令，决不能"阿旨顺情，唯唯相尚"。做照抄照转的收发官。史称，唐太宗"始申明旧

---

① （唐）吴兢撰，谢保成集校：《贞观政要集校》卷1《政体第二》，第27—28页。
② （宋）王溥传：《唐会要》卷54《省号上·中书省》，第926页。
③ （唐）杜佑撰：《通典》卷21《职官三·宰相》，第540页。

制，由是鲜有败事"①。由于充分发挥了三省的决策，封驳、执行的作用，贞观时期的政令措施也就比较符合实际了。

2. 为防止"顺旨施行"，进一步细化百司、宰相的责任权限

贞观四年（公元 630 年），唐太宗和萧瑀讨论关于隋文帝的"勤劳思政"问题。鉴于隋朝"宰相以下，惟即承顺而已"的教训，特作出规定："以天下之广，四海之众，千端万绪，须合变通，皆委百司商量、宰相筹画，于事稳便，方可奏行。"同时，通令各级行政机构，"若诏敕颁下有未稳便者，必须执奏，不得顺旨便即施行，务尽臣下之意。"②

3. 允许谏官随宰相入阁议事，参与决策

唐太宗即位前，就十分重视谏官的选择。武德九年（公元 626 年）六月，身为皇太子的李世民，起用原东宫府有才之士王珪、韦挺为谏议大夫。③八月，又任命魏徵为谏议大夫。④这些谏官在谏诤方面起到了重要的作用⑤。

贞观元年（公元 627 年）正月，唐太宗与大臣论治，谏议大夫王珪讲了"从谏则圣"的古训。唐太宗非常赞赏，立

---

① （宋）司马光编：《资治通鉴》卷 193《唐纪九》"故事：凡军国大事"条，第 6064 页。

② （唐）吴兢撰，谢保成集校：《贞观政要集校》卷 1《政体第二》，第 31 页。

③ （宋）司马光编：《资治通鉴》卷 191《唐纪七》"初，洗马魏征常劝太子建成早除秦王"条，第 6014 页。

④ （后晋）刘昫等撰：《旧唐书》卷 71《魏征传》，第 2547 页

⑤ 参见赵克尧、许道勋：《唐太宗传》，第 166 — 167 页。

即颁布诏令，规定"自今中书、门下及三品以上入阁议事，皆命谏官随之，有失辄谏"。[①]这就是说，自贞观初年开始，每当宰相及大臣入阁议政，都有谏官随同参加，遇有失误，即行论谏。允许谏官参与朝廷决策会议，说明了谏官地位的提高，也有利于避免决策的失误。王夫之对于此项措施评价很高，他说："太宗制谏官随宰相入阁议事，故当时言无不尽，而治得其理。"[②]

　　唐朝谏官包括：左右散骑常侍共四人，掌规讽过失，侍从顾问。左右谏议大夫共八人，掌谏谕得失，侍从赞相。左右补阙共十二人，掌供奉讽谏，大事廷议，小事则上封事。左右拾遗共十二人，掌同补阙。[③]"谏官"可以随宰相到两仪殿"平章国计"，这不仅反映了谏官地位的提高，鼓励了他们的极言切谏，而且更使唐太宗在平常视朝中听到各种不同的意见，以便全面地掌握情况，择善而从。一部《贞观政要》中，关于唐太宗与谏议大夫们的问答记载不少，可见唐太宗是把谏官当作身边的"侍臣"，往往"有所开说，太宗虚己以纳之"[④]。

　　① （宋）司马光编：《资治通鉴》卷192《唐纪八》"乙亥，制：自今中书、门下及三品以上入阁议事"条，第6031页。

　　② （清）王夫之著：《读通鉴论》卷20《唐太宗三》，第591页。

　　③ （宋）欧阳修、宋祁撰：《新唐书》卷47《百官志二·门下省》，第1206、1207页；《新唐书》卷47《百官志二·中书省》，第1212页。

　　④ （宋）王钦若等编：《册府元龟》卷102《帝王部一百二·招谏一》，第1223页上。

唐太宗的以上措施，对于唐初谏诤之风的形成，对于君臣"共相切磋"的实现，是起了推动与促进作用的。如果没有这些具体而有效的措施，所谓"贞观之治"，也许就要逊色不少。

第五章　偃武修文　尊儒崇经

　　唐初，随着政治上的统一，为了适应新形势的变化要求，"偃武修文"，制礼作乐，尊崇儒术，兴办教育亟须提上国家治理的日程。唐太宗顺应历史发展的客观趋势，践祚之初，拨乱反正，悉兴文教，提倡周公、孔子之道，统一经学内容，编纂《五经正义》，制定颁行《贞观礼》，创作《秦王破阵乐》《功成庆善乐》，充分显示了其强大的文治能力。

一、提倡周公、孔子之道

唐太宗毕生的事业，前有以武定乱统一华夏之功，后有"偃武修文"开辟大唐盛世之劳。而"偃武修文"之策，最早由魏徵向唐太宗提出。贞观之初，魏徵曾经向唐太宗建议，治国之道当取"偃革兴文"之策，"偃革兴文，布德施惠，中国既安，远人自服。"[1]唐太宗欣然采纳魏徵的建议，他说："朕虽以武功定天下，终当以文德绥海内。文武之道，各随其时。"[2]"偃革兴文"政策推行数年，果然成效显著。正如房玄龄评价唐太宗："贞观已来，手不释卷，知风化之本，见理政之源。行之数年，天下大治。"[3]

从中国历史上看，中国自古以来就有重视"修文德"的传统。孔子不仅重视"道之以德，齐之以礼"[4]，而且最早提出了"远人不服，则修文德以来之"[5]的政治智慧。重视以史为鉴并且志在治国安邦有宏图大略的唐太宗当然不会拒绝这种在升平时代具有良好效果的治理之法。《旧唐书·儒学传》序说："古称儒学家者流，本出于司徒之官，可以正君臣，明

---

① （后晋）刘昫等撰：《旧唐书》卷71《魏征传》，第2558页。

② （后晋）刘昫等撰：《旧唐书》卷28《音乐志一》，第1045页。

③ （唐）吴兢撰，谢保成集校：《贞观政要集校》卷10《论慎终第四十》，第533页。

④ 程树德撰：《论语集释卷》卷3《为政上》，中华书局1990年版，第68页。

⑤ 程树德撰：《论语集释卷》卷33《季氏》，第1137页。

贵贱，美教化，移风俗，莫若于此焉。"^①'唐初贞观君臣的所谓"修文"内容，主要就是尊崇儒术，兼隆佛道，兴办学校，制礼作乐，广收图籍，编纂史书，等等。这些文治措施，对巩固唐初君主政体的中央集权，恢复与发展社会经济，具有十分重要的意义。

自汉武帝以来，经学作为统治阶级的正统思想，历代帝王无不悉心倡导，唐太宗自然也不例外。事实上，唐朝建立后，唐高祖、唐太宗父子就开始重视意识形态的建设，设馆礼贤下士，加强经籍的整理与注疏等工作。这主要表现在：

1. 提倡周、孔之道

早在武德二年（公元 619 年），唐高祖李渊令国子学立周公、孔子庙各一所，四时致祭，博求其后。^②武德七年（公元 624 年），以周公为先圣，孔子配享。武德九年（公元 626 年），封孔子的后代为褒圣侯。^③及至唐太宗即位，又就如何估价与发挥周、孔之道的作用进行了讨论。有一次，唐太宗说："周孔儒教非乱代之所行，商韩刑法实清平之秕政。道既不同，固不可一概也。"魏徵接着指出，商鞅、韩非那一套"权救于当时，固非致化之通轨"^④治天下要靠儒家的"王道"，

---

① （后晋）刘昫等撰：《旧唐书》卷 189《儒学传序》，第 4939 页。

② （后晋）刘昫等撰：《旧唐书》卷 1《高祖本纪》，第 9 页。

③ （宋）欧阳修、宋祁撰：《新唐书》卷 15《礼乐志五》，第 373 页。

④ （唐）王方庆编：《魏郑公谏录》卷 3，"对周孔儒教商韩刑法"条，第 46 页。

这是贞观君臣们的共同结论。

关于用儒家学说治国的讨论，唐太宗君臣的讨论就有二次：第一次讨论在贞观元年（公元 627 年），第二次是在贞观二年（公元 628 年）。

第一次是讨论周秦兴亡之道。

> 戊申，上与侍臣论周、秦修短，萧瑀对曰："纣为不道，武王征之。周及六国无罪，始皇灭之。得天下虽同，失人心则异。"上曰："公知其一，未知其二。周得天下，增修仁义；秦得天下，益尚诈力：此修短之所以殊也。盖取之或可以逆得，守之不可以不顺故也。"瑀谢不及。[①]

第二次是讨论用重用儒生的事情。

> 贞观二年，太宗问黄门侍郎王珪曰："近代君臣理国，多劣于前古，何也？"对曰："古之帝王为政，皆志尚清静，以百姓之心为心。近代则唯损百姓以适其欲，所任用大臣，复非经术之士。汉家宰相，无不精通一经，朝廷若有疑事，皆引经决定，由是人识礼教，理致太平。近代重武轻儒，或参以法律，儒行既亏，淳风大坏。"太宗深然其言。自此百官中有学业优长，兼识政体者，多进其阶品，累加迁擢焉。[②]

---

① （宋）司马光编：《资治通鉴》卷192《唐纪八》"戊申，上与侍臣论周、秦修短"条，第 6036 页。

② （唐）吴兢撰，谢保成集校：《贞观政要集校》卷1《政体第二》，第 29 页。

从上面两段唐太宗君臣谈论治理兴亡之道的史料中可以看出：唐太宗已经通达了"逆取顺守""增修仁义"对于治理国家的重要性。正因为如此，早在贞观元年（公元 627 年），唐太宗就已经道出了他的治国安民的政治策略：

（1）"为政之要，惟在得人，用非其才，必难致理。今所任用，必须以德行、学识为本。"①

（2）"朕所好者，唯尧、舜、周、孔之道，以为如鸟有翼，如鱼有水，失之则死，不可暂无耳。"②

正是在上述指导思想下，贞观君臣迈开用儒术治国的步伐。

贞观二年（公元 628 年），唐太宗"立孔子庙堂于国学，稽式旧典，以仲尼为先圣，颜子为先师，而边豆干戚之容，始备于兹矣"③。也就在同一年，唐太宗又广泛收揽天下的儒士。赏赐布帛，供给车马饮食的便利，命令他们到京城来，给他们重要的官职，分配在朝廷中做官的人很多。太学生中通晓一大经以上的，都兼任官职。在国学中修筑房舍一千二百间，国子、太学、四门等也增加了学生名额，书学、算学各

---

① （唐）吴兢撰，谢保成集校：《贞观政要集校》卷 7《崇儒学第二十七》，第 383 页。

② （宋）司马光编：《资治通鉴》卷 192《唐纪八》"上曰：梁武帝君臣惟谈苦空"条，第 6054 页。

③ （唐）吴兢撰，谢保成集校：《贞观政要集校》卷 7《崇儒学第二十七》，第 376 页。

配备博士、学生，使各种技艺都齐备。驻守宫廷的兵士，也配备博士，教他们读经书，有能够通晓经学的，听任其参与贡举。而且吐蕃和高昌、高丽、新罗等各族的首领，也派他们的子弟来要求入学。在国学之内，读书和讲学的，差不多达万人。儒学的兴盛，是古代没有听说过的。唐太宗又几次到国学去，命祭酒、博士等学官讲论，讲完后，每人赏赐五匹帛。学生中能通晓经书的，立即提升，委任官职。儒生进入唐王朝的庙堂，至此彻底奠定了基础。

贞观四年（公元 630 年），唐太宗下诏令：全国各州县学都置孔子庙。[①]"又以儒学多门，章句繁杂，诏师古与国子祭酒孔颖达等诸儒撰定五经疏义，凡一百八十卷，名曰《五经正义》，付国学施行。"[②]

贞观十一年（公元 637 年），唐太宗又下诏令：尊孔子为宣父，在兖州特设庙殿，专门拨二十户人家维持供养。[③]

贞观十四年（公元 640 年），唐太宗下诏令："梁皇侃、褚仲都，周熊安生、沈重，陈沈文阿、周弘正、张讥，隋何妥、刘炫等，并前代名儒，经术可纪。加以所在学徒，多行其疏，宜加优异，以劝后生。可访其子孙见在者，录名闻奏，

---

① （宋）欧阳修、宋祁撰：《新唐书》卷 15《礼乐志五》，第 373 页。
② （唐）吴兢撰，谢保成集校：《贞观政要集校》卷 7《崇儒学第二十七》，第384 页。
③ （宋）欧阳修、宋祁撰：《新唐书》卷 15《礼乐志五》，第 373 页。

当加引擢。"①

贞观二十一年（公元 647 年）二月，唐太宗又下诏令：
"左丘明、卜子夏、公羊高、穀梁赤、伏胜、高堂生、戴
圣、毛苌、孔安国、刘向、郑众、杜子春、马融、卢植、郑
康成、服子慎、何休、王肃、王辅嗣、杜元凯、范宁等二十一
人，代用其书，垂于国胄，自今有事于太学，并命配享宣尼
庙堂。"②

由上可见，唐太宗的尊孔崇儒与唐高祖时相比已经大大
深化，如此尊重儒道，这反映了贞观之治的客观需要。

2. 重整弘文馆

唐初，虽然烽火未消，秦王李世民在征战之余，已经"锐
情经术"。武德四年（公元 621 年）十月，秦王李世民被封
为天策上将后在自己府邸创办了著名的文学馆，"召名儒十八
人为学士，与议天下事"③。文学馆的主要任务是"收聘贤
才"④，罗致文士。武德年间，文学馆与天策府，成为李世民
一文一武的顾问决策机构，在唐初统一战争与玄武门事变中
为李世民的决策发挥了重要的作用。唐太宗登基后，成功实
现了政策的转型，确定了以文德绥海内的国策。他考虑到文

---

① （后晋）刘昫等撰：《旧唐书》卷 189《儒学传序》，第 4941—4942 页。
② （后晋）刘昫等撰：《旧唐书》卷 3《太宗本纪下》，第 59 页。
③ （宋）欧阳修、宋祁撰：《新唐书》卷 198《儒学传序》，第 5636 页。
④ （宋）欧阳修、宋祁撰：《新唐书》卷 102《褚亮传》，第 3976 页。

学馆仅是秦王府属机构，而且十八学士中的多数人已调任要职，人员变动较大，于是在弘文殿左边设置了弘文馆。

据《贞观政要》中记载：

> 太宗初践阼，即于正殿之左置弘文馆，精选天下文儒，令以本官兼署学士，给以五品珍膳，更日宿直。听朝之隙，引入内殿，讨论坟典，商略政事，或至夜分乃罢。又诏勋贤三品已上子孙，为弘文馆学生。①

贞观三年（公元 629 年），弘文馆馆址移于纳义门西。②据《唐六典》记载，弘文馆的职责是："或典校理，或司撰著，或兼训生徒。"③然而，唐太宗毕竟不是一个普通的帝王，他不会把弘文馆作为纯学术机构，也不会把学士们当成学究对待，而是"精选天下文学之士虞世南、褚亮、姚思廉、欧阳询、蔡允恭、萧德言等，以本官兼学士，令更日宿直，听朝之隙，引入内殿，讲论前言往行，商榷政事，或至夜分乃罢"。④其中，虞、褚、姚、蔡是原文学馆学士，新增了欧阳

---

① （唐）吴兢撰，谢保成集校：《贞观政要集校》卷 7《崇儒学第二十七》，第 375 页。

② （宋）王溥传：《唐会要》卷 64《弘文馆》，第 1114 页。

③ 唐玄宗御撰，李林甫等注：《唐六典》卷 8《门下省》"弘文馆学士"条，第 254 页。

④ （宋）司马光编：《资治通鉴》卷 192《唐纪八》"上于弘文殿聚四部书二十余万卷"条，第 6023 页。

询、萧德言等。弘文馆的地位、职责与作用有三：一是"讨论坟典"；二是"商略政事"；三是备咨询与顾问作用。弘文馆学士可以参加议定礼仪、律令和朝廷制度。史载，唐太宗"悉引内学士番宿更休，听朝之间，则与讨古今，道前王所以成败，或日昃夜艾，未尝少怠"。[①]正因为唐太宗深刻体会到了文治的重要性，因此，他才会重视儒生学士，"重其博识，每机务之隙，引之谈论，共观经史"，如虞世南"每论及古先帝王为政得失，必存规讽，多所补益"。对此，唐太宗深感满意地对侍臣说："群臣皆若世南，天下何忧不理。"[②]

3. 统一经学

政治上的统一必然要求思想上的统一。经籍图书的搜集与整理，是经学统一所必需的物质准备。唐太宗十分重视这项工作。由于隋末丧乱，"先代之旧章，往圣之遗训，扫地尽矣。"[③]李唐王朝建立后，就重新振兴经籍。武德四年（公元621年）平定东都后，"于时海内渐平，太宗乃锐意经籍，开文学馆以待四方之士。"[④]次年，令狐德棻为秘书丞，鉴于"经籍亡逸"，"奏请购募遗书，重加钱帛，增置楷书，令缮写。数年间，群书略备。"[⑤]唐太宗即位后，"于弘文殿聚四

---

① （宋）欧阳修、宋祁撰：《新唐书》卷198《儒学传序》，第5636页。
② （后晋）刘昫等撰：《旧唐书》卷72《虞世南传》，第2566页。
③ （后晋）刘昫等撰：《旧唐书》卷189《儒学传序》，第4940页。
④ （后晋）刘昫等撰：《旧唐书》卷2《太宗本纪上》，第28页。
⑤ （后晋）刘昫等撰：《旧唐书》卷73《令狐德棻传》，第2597页。

部书二十余万卷，置弘文馆于殿侧"①，以备校刊整理和撰写专著参考之用。贞观年间，魏徵、虞世南、颜师古相继任秘书监，向唐太宗建议：请购募天下图书，并选五品以上官僚的子弟工书者为书手，缮写藏于内库。②"徵以丧乱之后，典章纷杂，奏引学者校定四部书。数年之间，秘府图籍，粲然毕备。"③经魏徵等校定分类，第一为"经"，第二为"史"，第三为"子"，第四为"集"，所谓"经、史、子、集"图书编目四部体制最终确定下来了。

在国家经籍图书已趋完备的情况下，唐太宗采取以下两个完成经学统一的决策。

第一，校刊统一的《五经》定本，颁行全国，供学习考试之用。

贞观四年（公元630年），唐太宗"以经籍去圣久远，文字多讹谬，诏前中书侍郎颜师古考定《五经》，颁于天下，命学者习焉"④。唐太宗之所以要考定《五经》，不仅是因为"经籍去圣久远，文字多讹谬"，更重要的是与当时经学南北分裂局面有关。魏晋以来数百年南北对峙，各有师承，在流传过程中不免以讹传讹，形成了各有所本、各有所师的错

---

① （宋）司马光编：《资治通鉴》卷192《唐纪八》"上于弘文殿聚四部书二十余万卷"条，第6023页。

② （宋）欧阳修、宋祁撰：《新唐书》卷57《艺文志序》，第1422页。

③ （后晋）刘昫等撰：《旧唐书》卷71《魏徵传》，第2548页。

④ （后晋）刘昫等撰：《旧唐书》卷189《儒学传序》，第4941页。

综复杂的情况。唐太宗既然一统天下，以四海一家为己任，对此当然不能熟视无睹，于是着手部署《五经》版本的统一整理。而颜师古是名儒颜之推之孙，祖先原居琅邪，世仕江左。颜之推历官南北朝，学问通博，深知南北政治和俗尚的弊病，尤其擅长文字训诂、声韵、校勘之学。颜师古少传家业，遵循祖训，博览群书，精研训诂，经学功底深厚。贞观初，曾任中书侍郎，后坐事免。闲官之际，奉唐太宗之命，潜心于《五经》考定，自然是很适宜的。①颜师古利用"秘书省"所藏的大量经籍图书，以晋、宋以来古今本为依据，悉心校正，实际上是对魏晋南北朝以来《五经》版本与文字的一次大清理。经过两年多的校订，贞观七年（公元633年）十一月，唐太宗将统一后的《五经》颁行天下，②作为朝廷至地方州县各级学校的标准教科书。

第二，编撰统一的《五经》义疏，对于南北经学进行了一次大总结。

《五经》版本的统一，为《五经》义疏的统一打下了基础。唐太宗针对当时"经籍去圣久远，文字多讹谬""儒学多门，章句繁杂"③的情况，命令新任国子祭酒孔颖达主编《五经》义疏。孔颖达深明《五经》，隋末与"名重海内"的经师

---

①　（后晋）刘昫等撰：《旧唐书》卷73《颜师古传》，第2594页。

②　（后晋）刘昫等撰：《旧唐书》卷3《太宗本纪下》，第43页。

③　（后晋）刘昫等撰：《旧唐书》卷189《儒学传序》，第4941页。

刘焯辩难经义，"多出其意表"①。说明孔氏对南北经学深有造诣。唐太宗任他为主笔，亦可谓知人。贞观十四年二月，《五经》义疏编成②，唐太宗颇感满意，将之定名为《五经正义》，特下诏褒奖曰："卿等博综古今，义理该洽，考前儒之异说，符圣人之幽旨，实为不朽。"③并下诏将它交付国子监，作为试用教材。

总的说来，唐太宗统一《五经定本》和《五经正义》，是中国经学史上一件大事。汉代独尊儒术，尚未制定统一的全书，五经博士分门授徒，派别甚多，就经学统一的规模来说，汉不及唐之盛大。由于唐王朝的盛世远远超过汉王朝，加上唐太宗对经义解释采取兼收并蓄、以广见闻的态度，所以，唐初经学的统一达到了前所未有的盛况。

二、兴礼制乐与学校教育

唐太宗说："天下无事，方欲建礼作乐，偃武修文。"④功成而作乐，治定而制礼，这是唐初"偃武修文"的重要内容。

---

① （后晋）刘昫等撰：《旧唐书》卷73《孔颖达传》，第2601页。
② （宋）司马光编：《资治通鉴》卷195《唐纪十一》"二月，丁丑，上幸国子监"条，第6153页。
③ （后晋）刘昫等撰：《旧唐书》卷73《孔颖达传》，第2602—2603页。
④ （后晋）刘昫等撰：《旧唐书》卷189上《儒学上·萧德言传》，第4953页。

1. 颁行《贞观礼》

礼仪是维护传统时代统治秩序所必需。

《旧唐书·礼仪志一》说：

> 五帝之时，斯为治本。类帝禋宗，吉礼也；遏音陶瓦，凶礼也；班瑞肆觐，宾礼也；诛苗殛鲧，军礼也；厘降嫔虞，嘉礼也。故曰，修五礼五玉，尧、舜之事也。时代犹淳，节文尚简。及周公相成王，制五礼六乐，各有典司，其仪大备。暨幽、厉失道，平王东迁，周室浸微，诸侯侮法。男女失冠婚之节，《野麕》之刺兴焉；君臣废朝会之期，践土之讥著矣。葬则奢俭无算，军则狙诈不仁。数百年间，礼仪大坏。虽仲尼自卫返鲁，而有定礼之言，盖举周公之旧章，无救鲁邦之乱政。仲尼之世，礼教已亡。遭秦燔炀，遗文殆尽。
>
> 汉兴，叔孙通草定，止习朝仪。至于郊天祀地之文，配祖禋宗之制，拊石鸣球之备物，介丘璧水之盛猷，语则有之，未遑措思。及世宗礼重儒术，屡访贤良，河间博洽古文，大搜经籍，有周旧典，始得《周官》五篇，《士礼》十七篇。王又鸠集诸子之说，为礼书一百四十篇。后仓二戴，因而删择，得四十九篇，此《曲台集礼》，今之《礼记》是也。然数百载不见旧仪，诸子所书，止论其意。百家纵胸臆之说，五礼无著定之文。故西汉一朝，曲台无制。郊上帝于甘泉，祀后土于汾阴。宗庙无定主，乐悬缺金石。巡狩非勋、华之典，封禅异陶匏之音。光武受命，始诏儒官，草定仪注，经邦大典，至是粗备。汉末丧乱，又沦没焉。而卫宏、应仲远、王仲宣等掇拾遗散，裁志条目而已。东京旧典，世莫得闻。

自晋至梁，继令条缵。鸿生钜儒，锐思绵蕝，江左学者，仿佛可观。隋氏平陈，寰区一统，文帝命太常卿牛弘集南北仪注，定《五礼》一百三十篇。炀帝在广陵，亦聚学徒，修《江都集礼》。由是周、汉之制，仅有遗风。

神尧受禅，未遑制作，郊庙宴享，悉用隋代旧仪。[①]

唐初，随着政治上的统一、唐王朝统治的巩固，也必然要求适应新兴国家的发展要求而制礼作乐。于是"太宗皇帝践阼之初，悉兴文教，乃诏中书令房玄龄、秘书监魏徵等礼官学士，修改旧礼，定著《吉礼》六十一篇，《宾礼》四篇，《军礼》二十篇，《嘉礼》四十二篇，《凶礼》六篇，《国恤》五篇，总一百三十八篇，分为一百卷"。[②]

贞观十一年（公元637年）正月，《贞观礼》修成，唐太宗为此专门诏颁天下说："广命贤才，旁求遗逸，探六经之奥旨，采三代之英华。古典之废于今者，咸择善而修复；新声之乱于雅者，并随违而矫正。"[③]可见，对于《贞观礼》的制定与颁行，唐太宗是非常重视的。

在传统时代，礼仪与法律有着同等重要的地位。在实际统治中，统治者为了标榜自己的"德政"，往往在表面上更是注意对礼制的强调与贯彻。唐初在治理国家实际过程中，唐

---

① （后晋）刘昫等撰：《旧唐书》卷21《礼仪志一》，第815—816页。

② （后晋）刘昫等撰：《旧唐书》卷21《礼仪志一》，第816—817页。

③ （宋）王钦若等编：《宋本册府元龟》卷564《掌礼部二·制礼二》，第1625页上。

太宗继承与发展汉以来援礼入律的传统，一方面把礼学作为制定与修改律令的指导思想。一部《唐律》，其绝大多数篇章都是按礼定律的。"唐撰律令，一准乎礼以为出入"① 就是最好的说明。另一方面，唐太宗为了维护礼制，也以刑拯礼之失。贞观十七年（公元643年），他下诏说："失礼之禁，著在刑书。"② 由此可见，贞观君臣强调以礼作为政治准则来调整统治阶级的内部关系。以礼作为行为规范，合乎礼的就办，不合乎礼的就要改正，努力做到"动必由礼，言皆匡躬"③，这反映初了贞观时期政治生活中的一个基本特点。

2. 修定《大唐雅乐》

《旧唐书·音乐志一》说：

> 乐者，太古圣人治情之具也。人有血气生知之性，喜怒哀乐之情。情感物而动于中，声成文而应于外。圣王乃调之以律度，文之以歌颂，荡之以钟石，播之以弦管，然后可以涤精灵，可以祛怨思。施之于邦国，则朝廷序；施之于天下则神祇格；施之于宾宴，则君臣和；施之于战阵，则士民勇。④

---

① （清）张廷玉等撰：《明史》卷93《刑法志一》，中华书局1974年版，第2279页。

② （宋）宋敏求编：《唐大诏令集》卷80《典礼·丧制·戒厚葬诏》，第462页。

③ （后晋）刘昫等撰：《旧唐书》卷70《杜正伦传》后附"赞曰"，第2544页。

④ （后晋）刘昫等撰：《旧唐书》卷28《音乐志一》，第1039页。

的确，音乐与政治有着很重要的关系。先秦时期已有"政与乐和"的观念。

唐王朝初建时，"军国多务，未遑改创，乐府尚用隋氏旧文。武德九年，始命孝孙修定雅乐。"①这就是说，唐初在音乐上一直因隋旧制，直到武德九年（公元626年），才由太常少卿、杰出的音乐大师祖孝孙开始修定雅乐。祖孝孙熟习陈、梁、周、齐旧乐，吴楚之音以及胡戎之伎，"于是斟酌南北，考以古音，作《大唐雅乐》。"②历时二年半，新乐于贞观二年（公元628年）六月修订完毕。贞观六年（公元632年），唐太宗又令褚亮、虞世南、魏徵等作新乐乐章。③

贞观"新乐"是以隋朝九部乐为基础发展而成的，在音乐艺术上与隋朝有着明显的继承关系。所谓九部乐，是指燕乐、清商、西凉乐、扶南乐、高丽乐、龟兹乐、安国乐、疏勒乐、康国乐等九种。贞观十四年（公元640年），唐太宗平定高昌，获得一批高昌乐工，交付太常，于是增加了高昌乐，连同过去的九部乐，共有十部。贞观十六年（公元642年）十一月，唐大宗"宴百寮，奏十部乐"④。这十部乐既可按曲演奏，又可随声起舞。因唐代舞蹈称为"伎"，故十部乐

①　（后晋）刘昫等撰：《旧唐书》卷28《音乐志一》，第1040页。
②　（后晋）刘昫等撰：《旧唐书》卷79《祖孝孙传》，第2710页。
③　（后晋）刘昫等撰：《旧唐书》卷30《音乐志三》，第1089页。
④　（宋）王钦若等编：《宋本册府元龟》卷569《掌礼部七·作乐五》，第1657页下。

又称十部伎。它的出现显然是中外文化交流和华夏各族文化融合的积极成果。

《大唐雅乐》的修定，是唐初政治上统一的必然产物。南北朝时期，由于种族与地域的隔阂，形成了"梁、陈之音"的南乐与"周、齐之音"的北曲。唐初打破了南北界限，音乐领域里必然要求扩大新声，融合南乐北曲，调和吴楚之音与胡戎之声。唐太宗顺应时代的潮流，致力于把南北胡汉音乐熔于一炉，赋予贞观"新乐"以健康向上的积极因素，这既是唐朝政治统一的需要，也有利于唐代歌舞艺术的发展与繁荣。

3. 创作《秦王破阵乐》与《功成庆善乐》

为了适应唐初政治的需要，唐太宗不仅锐意改革原有的音乐舞蹈，而且还亲自主持创作了新的歌舞，即《秦王破阵乐》和《功成庆善乐》。

《秦王破阵乐》是在武德三年（公元 620 年），秦王李世民平定刘武周，收复并、汾旧地，为了庆祝胜利，河东士庶歌舞于道，军人相与为《秦王破阵乐》之曲。[①]"《破阵乐》，太宗所造也。太宗为秦王之时，征伐四方，人间歌谣《秦王破阵乐》之曲。及即位，使吕才协音律，李百药、虞世南、褚亮、魏徵等制歌辞。百二十人披甲持戟，甲以银饰之。发扬蹈厉，声韵慷慨，享宴奏之，天子避位，坐宴者皆兴。"[②]

---

①　（唐）刘餗撰：《隋唐嘉话》卷中，中华书局 1979 年版，第 18 页。

②　（后晋）刘昫等撰：《旧唐书》卷 29《音乐志二》，第 1059—1060 页。

贞观元年（公元627年），唐太宗宴请群臣，开始在殿堂上演奏。唐太宗曾兴奋地对侍臣说："朕昔在藩，屡有征讨，世间遂有此乐，岂意今日登于雅乐。然其发扬蹈厉，虽异文容，功业由之，致有今日，所以被于乐章，示不忘于本也。"① 由此可见，《破阵乐》是一支颂扬唐太宗显赫战功的赞歌。此后，每有宴会，必定演奏。贞观七年（公元633年）正月，唐太宗又亲自设计了一张《破阵舞图》，请著名的音乐家吕才担任艺术指导，按图教练乐工一百二十人，舞者被甲执戟，象征车骑与步兵相间，往来击刺。旁有乐队伴奏，歌者和唱。还命魏徵、虞世南、褚亮、李百药等改制歌辞，更名为《七德舞》。② 所谓"七德"，出典于《左传》中"武有七德"，意在发扬武功盛德。后来，又一度改名为《神功破阵乐》。

《功成庆善乐》创作于贞观六年（公元632年）。"《庆善乐》，太宗所造也。太宗生于武功之庆善宫，既贵，宴宫中，赋诗，被以管弦。舞者六十四人。衣紫大袖裙襦，漆髻皮履。舞蹈安徐，以象文德洽而天下安乐也。"③ 可见《功成庆善乐》出现时，唐初大治已见成效，这显然是一首歌颂成功文治、天下升平的主流音乐。

从唐太宗亲自主持创作的二乐来看，"《庆善乐》为文舞，

---

① （后晋）刘昫等撰：《旧唐书》卷28《音乐志一》，第1045页。
② （宋）欧阳修、宋祁撰：《新唐书》卷21《礼乐志十一》，第467—468页。
③ （后晋）刘昫等撰：《旧唐书》卷29《音乐志二》，第1060页。

《破阵乐》为武舞。"[1]前者广袖曳屧，以象文德；后者被甲持戟，以象战事。它们作为唐初舞蹈艺术的杰作，无疑是唐太宗文治武功的象征。

总之，对于制礼作乐，贞观君臣是比较满意的。唐太宗曾经兴奋地说："昔周公、成王，袭礼作乐，久之乃成。逮朕即位，数年之间成此二乐（指《破阵乐》和《庆善乐》），五礼又复刊定，未知堪为后世作法以否？"向来以"犯逆鳞"著称的魏徵，对此也一反常态认为唐太宗"拨乱反正，功高百王，自开辟以来未如陛下者也。更创新乐，兼修大礼，自我作故，万代取法，岂止子孙而已"[2]。可见，"制礼作乐"适应贞观时代统治阶级的需要。

4. 开学校、礼儒生

《旧唐书·文苑传》序说："文皇帝解戎衣而开学校，饰贲帛而礼儒生，门罗吐凤之才，人擅握蛇之价。靡不发言为论，下笔成文，足以纬俗经邦，岂止雕章缛句。韵谐金奏，词炳丹青，故贞观之风，同乎三代。"[3]可以说，贞观学校之盛是前所未有的。

贞观年间，出于大治的客观需要，唐太宗亟须网罗人才，

---

① （唐）吴兢撰，谢保成集校：《贞观政要集校》附《写字台本卷第四》，第567页。

② （唐）吴兢撰，谢保成集校：《贞观政要集校》附《写字台本卷第四》，第567页。

③ （后晋）刘昫等撰：《旧唐书》卷190《文苑传序》，第4982页。

开科取士。在唐太宗的重视下，唐初学校教育制度逐渐完备，确立了中央、州、县三级官学制。

贞观元年（公元627年），原来的国子学改名为"国子监"，号称三监之首。①国子监作为全国最高学府，下属六种学校，即国子学、太学、四门学、律学、书学、算学等。学生额分别为三百、五百、一千三百、五十、三十、三十等。前三种学校接纳三品、五品、七品以上的官僚子弟入学，后三种录取的则是八品以下的官吏子弟和庶人通其学者。可见，国子监是唐王朝培养人才的最集中的教育机构。另外，唐太宗即位初，在门下省置弘文馆；贞观十三年（公元639年），在太子东宫设崇文馆。这两文馆兼教授生徒，专门收取皇亲国戚及宰相高级官僚的子弟。至于地方学校，包括京都、都督府、州、县等所设立的，但主要是州学和县学两级。学生多数来自士庶地主，大概也有资格的限制。学习成绩优良者，可由地方官保送参加常举考试。经州考试合格后，送到中央参加常举考试，称为"乡贡"。"乡贡"合格者，可获得做官的候补资格。②

从学校内部体制来看，国子监置祭酒一员、司业二员，为最高学官，掌邦国儒学训导之政令。六种学校各有博士、助

---

① （后晋）刘昫等撰：《旧唐书》卷42《职官志一》，第1785页。
② （宋）欧阳修、宋祁撰：《新唐书》卷44《选举志上》，第1159—1160、1163、1160、1161页。

教多人，进行具体的教学活动。国子学、太学和四门学的"教法"基本上相同，主要是儒家经书的读与讲，故其教师大都是经师。课程除必修的《孝经》《论语》外，设有大经（《礼记》《左传》）、中经（《毛诗》《周礼》《仪礼》）、小经（《周易》《尚书》《公羊传》和《穀梁传》），统称为"九经"①。

据《通典》卷五十三记载："贞观五年，太宗数幸国学，遂增筑学舍千二百间。国学、太学、四门亦增生员，其书算各置博士，凡三千二百六十员。其屯营飞骑亦给博士，授以经业。无何，高丽、百济、新罗、高昌、吐蕃诸国酋长，亦遣子弟请入国学，于是国学之内八千余人。国学之盛，近古未有。"②为了鼓励儒生读经，从贞观五年以来，唐太宗多次亲临国子监，参加"释奠"仪式与听讲经义，表示了对学校教育的关怀与重视。所谓"释奠"，就是每年仲春和仲秋，以太牢敬祭孔子，礼典极其隆重。例如，贞观十四年（公元640年）春二月，唐太宗到国子监观看"释奠"，请国子祭酒孔颖达讲解《孝经》。孔颖达讲完后，特地敬献《释奠颂》。唐太宗手诏褒美之，同时以绢帛赏赐祭酒以下诸学官以及高才

---

① 唐玄宗御撰，李林甫等注：《唐六典》卷21《国子监》，第557、559、560、561、558 页。

② 杜佑撰：《通典》卷33《礼十三·沿革十三·吉礼十二·大学》，第1467—1468 页。

生。① 正是在唐太宗的重视下，贞观时期出现了"四方秀艾，挟策负素，坌集京师，文治焖然勃兴"。学风大兴，"虽三代之盛，所未闻也"②的盛况局面。

①　（后晋）刘昫等撰：《旧唐书》卷 73《孔颖达传》，第 2602 页。
　　（宋）司马光编：《资治通鉴》卷 195《唐纪十一》"二月，丁丑，上幸国子监"条，第 6152—6153 页。
②　（宋）欧阳修、宋祁撰：《新唐书》卷 198《儒学传序》，第 5636 页。

第六章　轻徭薄赋　发展经济

贞观年间（公元627—649年），唐太宗与房玄龄、魏徵等人比较注意汲取隋亡的教训，特别关注国家的长治久安，他们十分注意与民休息，留心治道，"去奢省费，轻徭薄赋，选用廉吏，使民衣食有余"。即位之初，唐太宗极力倡导去奢从俭，前后放免宫女三千人，他与长孙皇后都能不事奢靡。朝中的一些大臣也上行下效。如中书令岑文本、户部尚书戴胄的居室都很简陋，尚书右仆射温彦博、特进魏徵的宅内竟没有正堂。在一些大的事务方面，唐太宗也能听取臣下建议，不务奢华。唐太宗一再推迟修复洛阳宫殿，其他建造也较少，使力役减少。唐太宗特别重视"以衣食为本"，注重发展农业生产。除继续切实地推行均田令外，全面推行"庸法"，不仅减少了徭役，而且增加了农民从事生产的时间，尤其是在农忙之时，以绢、布代役，可以不误农时，这对于农业生产的益处是十分清楚的。

一、推行均田，奖励垦荒

《新唐书·食货志一》开篇说：

> 古之善治其国而爱养斯民者，必立经常简易之法，使上
> 爱物以养其下，下勉力以事其上，上足而下不困。故量人之力
> 而授之田，量地之产而取以给公上，量其入而出之以为用度
> 之数。是三者常相须以济而不可失，失其一则不能守其二。[①]

贞观君臣深谙此治理国家的道理，在继承隋王朝土地制
度与租庸调制的基础上，唐太宗实施了均田新法令与赋税新
法令。

均田制是北魏以来所推行的一种土地制度。这种制度是
由政府分配给农民一定数量的土地，并按照分配的土地数量
多寡向农民征收赋税。然而，在人多地少的地区，这种均田制
度很难推行。由于大地主的兼并土地和实际上的人多地少，
农民不可能分得国家所规定的耕地数量。事实上，各地农民
所分得的耕地多少不一，甚至在有的地区则根本没有实行。

唐朝初年，由于隋末战乱，人口流失，土地荒芜，使得
国家直接控制了大量的无主荒地，为推行均田制在客观上提
供了便利条件。唐高祖武德七年（公元 624 年）三月，颁布

---

① （宋）欧阳修、宋祁撰：《新唐书》卷 51《食货志一》，第 1341 页。

均田法令。均田法令规定：凡丁男中男（十六岁以上者）授田一顷，其中八十亩为口分田（又称露田），二十亩为永业田（又称世业田）。口分田在受田人死后交还官府，由官府另行分配给他人；永业田可传给子孙，规定要种植桑、榆、枣等树木。农民所受耕地原则上不得买卖，但迁徙他乡或家贫无以办丧事等原因，可以出卖永业田；如果自狭乡（人多田少地区）迁徙宽乡（人少田多地区），可以出卖口分田。总之，永业田授而不还，可以继承或买卖，实际上已归农民所占有；口分田最终将归还官府，一般不许买卖，农民只有使用权。此外，均田法令还规定：因土地瘠薄而需要休耕的田地，授田量可增加一倍；老男及残疾者给田四十亩，寡妇三十亩，这些人为户主的再增加二十亩，其中皆以二十亩为永业田，其余为口分田。贵族官僚的授田数量，根据爵位和官阶的高低不同而不等，但数量远比农民为高，如职事官从三品授永业田二十顷，正四品受田十四顷。[①]

　　唐高祖武德七年至九年（公元 624—626 年），由于皇室内部太子李建成与秦王李世民争夺权力斗争十分激烈，均田制并未能得到认真地贯彻与执行。唐太宗即位后，着手认真推行均田制度。长孙皇后的族叔长孙顺德出任泽州（今山西晋城）刺史，"折节为政，号为明肃。先是，长吏多受百

---

　　① 参见任井田陞著：《唐令拾遗》"田令第二十二"，长春出版社 1989 年版，第 539—560 页。

姓馈饷，顺德纠擿，一无所容，称为良牧。前刺史张长贵、
赵士达并占境内膏腴之田数十顷，顺德并劾而追夺，分给贫
户"①。贞观十一年（公元 637 年）七月癸未日，洛阳地区天
降暴雨，谷、洛二河汛滥，洪水流入洛阳宫城，冲毁宫寺、
民居无数，溺死六千余人。②唐太宗为此诏令"废明德宫及飞
山宫之玄圃院，分给河南、洛阳遭水户"③。由此可见，唐太
宗确实实行了向无地或少地农民实行分配土地的均田制度。

　　不过，唐太宗所推行的均田制度，"似所种者皆荒闲无主
之田"，"非尽夺富者之田以予贫人也"④。因而在人多地少
的狭乡，农民不可能得到均田法令所规定的田亩数量。贞观
十八年（公元 644 年），唐太宗临幸新丰县灵口镇，见"村落
逼侧，问其受田，丁三十亩，遂夜分而寝，忧其不给"⑤。唐
太宗因忧虑农民未能得到法定田数，以至于直到半夜时分才
得以寝息。

　　为解决"狭乡"授田亩数不足的问题，唐太宗鼓励农民向
地多人少的宽乡迁徙，以便落实授田亩数。"贞观初，（崔善
为）为陕州刺史。时议，户猥地狭者徙宽乡，善为奏：'畿内

　　① （后晋）刘昫等撰：《旧唐书》卷 58《长孙顺德传》，第 2309 页。

　　② （宋）司马光编：《资治通鉴》卷 195《唐纪十一》"秋，七月，癸未，大雨"
条，第 6130 页。

　　③ （后晋）刘昫等撰：《旧唐书》卷 37《五行志》，第 1352 页。

　　④ （元）马端临撰：《文献通考》，卷 2《田赋考二·历代田赋之制》，中华书局
2010 年版，第 41 页。

　　⑤ （宋）王钦若等编：《宋本册府元龟》卷 42《帝王部四十二·仁慈》，第 45 页下。

户众，而丁壮悉籍府兵，若听徙，皆在关东，虚近实远，非经通计。'诏可。"[1]为避免造成关中地区军事力量空虚的现象，于京师安全不利，唐太宗经过考虑，没有在关中狭乡推行鼓励迁徙的政策，但于其他地区，则推行了这一政策。据《新唐书·陈君宾传》记载，贞观初年，陈君宾调任邓州刺史，治理有方，百姓"皆还自业"。次年，在邻州遭灾的情况下，惟邓州"储仓充羡，蒲、虞二州民就食其境"。太宗下诏书表彰，"命有司录刺史以下功最"，"是岁，入为太府少卿"[2]。可见，陈君宾在邓州安置了由蒲、虞二州因饥饿而迁入的民户。

为了落实均田垦荒法令，唐太宗还通过制定法律法规来加以保障。据《唐律疏议》卷十三解释："若占于宽闲之处不坐，谓计口受足以外，仍有剩田，务从垦辟，庶尽地利，故所占虽多，律不与罪。"[3]这显然是鼓励在人少地多的宽乡，农户可以在规定受田亩数外自行垦荒，法律不予追究。至于由狭乡迁往宽乡的农户，国家则予以免赋的优惠，即"去本居千里外复三年，五百里外复二年，三百里外复一年"[4]，如此等等，不一而足。如果地方官员不执行上述法令，则予以"徒

---

①　（宋）欧阳修、宋祁撰：《新唐书》卷91《崔善为传》，第3796页。

②　（宋）欧阳修、宋祁撰：《新唐书》卷197《循吏·陈君实传》，第5617页。

③　刘俊文撰：《唐律疏议笺解》卷13《户婚·占田过限》，中华书局1996年版，第967页。

④　（唐）杜佑撰：《通典》卷6《食货六·附税下》，第109页。

二年"① 的刑罚。可见，唐太宗为落实均田法令，曾采取了相应的鼓励措施；对于不执行此项法令和政策的地方官员，则予以严厉的惩罚。传统时代，立国之本就是发展农业经济，唐太宗推行均田制度，对于唐朝初年耕地面积的扩大、粮食产量的增加，对于富民与强国，无疑都起到了积极的作用。

二、兴修水利，义仓备荒

水利是农业的命脉，历来为统治者所重视，明主如唐太宗者当然更是不会例外。贞观年间，水旱灾害连年发生，治理灾害成为一项迫切的任务。贞观十一年（公元637年）七月，由于天降暴雨，洛水暴涨，洪水流入洛阳宫城，坏宫寺、民居，溺死者六千余人。面对这场大水灾，唐太宗下诏引咎自责说："暴雨为灾，大水泛溢，静思厥咎，朕甚惧焉。"② 同年九月，黄河又泛滥成灾，唐太宗亲自到司马坂视察灾情，足见他对水利的关注。

为治理水患，防止河水泛滥，唐太宗对治水机构加以整顿。为此，他加强工部水部郎中和员外郎的职责，"掌天下川渎陂池之政令，以导达沟洫，堰决河渠。凡舟楫、灌溉之

---

① 刘俊文撰：《唐律疏议笺解》卷13《户婚·应复除不给》，第999页。

② （后晋）刘昫等撰：《旧唐书》卷37《五行志》，第1352页。

利，咸总而举之"①。可见，水部官员的两大职责，一是防止水害，二是开发水利。

贞观十八年（公元644年），唐太宗准备东征高丽，敕令将作大监阎立德等人到洪、饶、江等三州，"造船四百艘以载军粮"，"以太常卿韦挺为馈运使，以民部侍郎崔仁师副之，自河北诸州皆受挺节度"②。由于韦挺未事先视察河道，致使出现了运粮船只搁浅的严重事件。贞观十九年（公元649年）正月，"韦挺坐不先行视漕渠，运米六百余艘至卢思台侧，浅塞不能进，械送洛阳；丁酉，除名，以将作少监李道裕代之。崔仁师亦坐免官"③。

在唐太宗的倡导下，贞观年间，各地兴修水利获得了显著成效。例如扬州大都督府长史李袭誉，为扭转江都地区好商贾、不事农业的风俗，大兴水利，为发展农业创造有利条件。他率领当地百姓引雷陂水，又筑勾城塘，溉田八百余顷，百姓获其利。④又如薛大鼎调任沧州刺史后，因无棣渠淤塞日久，大鼎组织人力疏通河道，"浚治属之海，商贾流行"。当地民众为此编了一首歌谣，歌颂薛大鼎的业绩。歌谣说：

---

① 唐玄宗御撰，李林甫等注：《唐六典》卷7《尚书工部》"水部郎中·员外郎条"，第225页。

② （宋）司马光编：《资治通鉴》卷197《唐纪十三》"上将征高丽"条，第6209页。

③ （宋）司马光编：《资治通鉴》卷197《唐纪十三》"春，正月，韦挺坐不先行视漕渠"条，第6216页。

④ （后晋）刘昫等撰：《旧唐书》卷59《李袭志附李袭誉传》，第2332页。

"新沟通，舟楫利。属沧海，鱼盐至。昔徒行，今骈驷，美哉薛公德滂被！"接着，他又疏通了长芦河、漳河、衡河等三渠"泄污潦，水不为害"①。当时，瀛州刺史贾敦颐、冀州刺史郑德本，俱有美政，连同薛大鼎三人，河北号称"铛脚刺史"②。据《新唐书·地理志》记载，贞观年间全国各地兴修的河渠、池塘有二三十处之多，足见唐太宗鼓励兴修水利的政策在当时收到了相当可观的成效，为唐初农业生产的恢复和发展提供了有利的条件。③

储粮备荒也是维护农业生产、保持社会稳定的一项重要措施。以藏粮备荒为宗旨的仓储制度，古已有之。隋文帝开皇年间创立社仓，储粮以备赈济灾民，至隋炀帝时遭到破坏。武德元年（公元618年）九月四日，唐高祖李渊置社仓，目的在于"庶使公私俱济，家给人足，抑止兼并，宣通壅滞"④。贞观二年（公元628年）四月，尚书左丞戴胄向唐太宗提出："水旱凶灾，前圣之所不免。国无九年储蓄，《礼经》之所明诫。今丧乱之后，户口凋残，每岁纳租，未实仓廪。随时出给，才供当年，若有凶灾，将何赈恤？"为解决这一问题，戴胄建议每年秋收后，按田亩抽取一定数量的粮食作为储备，以备荒年，即所谓"各纳所在，为立义仓。若年谷不登，百

---

① （宋）欧阳修、宋祁撰：《新唐书》卷197《循吏·薛大鼎传》，第5621页。
② （宋）王钦若等编：《宋本册府元龟》卷677《牧守部七·能改》，第2312页上。
③ 参见黄中业著：《唐太宗大传》，中华书局2017年版，第123页。
④ （后晋）刘昫等撰：《旧唐书》卷49《食货志下》，第2122页。

姓饥馑，当所州县，随便取给"①。戴胄储粮备荒的建议得到了唐太宗的认同。贞观二年（公元 628 年），唐太宗"诏天下州县并置义仓"②。诏书说：

> 亩税二升，粟、麦、秔、稻，随土地所宜。宽乡敛以所种，狭乡据青苗簿而督之。田耗十四者免其半，耗十七者皆免之。商贾无田者，以其户为九等，出粟自五石至于五斗为差。下下户及夷獠不取焉。岁不登，则以赈民；或贷为种子，则至秋而偿。③

义仓作为官府所办机构，按田亩或因贫富不等向农民和商贾征粮，是强制性的，因而实际上成为一种赋税。由于它有利于备荒救灾，或以储粮向农民贷借种子，又具有扶贫性质，因而被唐太宗以诏书的形式颁行于天下。唐太宗称赞义仓的设立，他说："既为百姓预作储贮，官为举掌，以备凶年，非朕所须，横生赋敛。利人之事，深是可嘉。宜下所司，议立条制。"自实行这种取之于民、用之于民的义仓制度后，"每有饥馑则开仓赈给"④，收到了"仓储衍溢，亿兆赖焉"⑤的效果。后来，义仓成为官吏"横生赋敛"的途径，这既非唐

---

① （后晋）刘昫等撰：《旧唐书》卷 49《食货志下》，第 2122—2123 页。

② （后晋）刘昫等撰：《旧唐书》卷 2《太宗本纪上》，第 34 页。

③ （宋）欧阳修、宋祁撰：《新唐书》卷 51《食货志一》，第 1344 页。

④ （后晋）刘昫等撰：《旧唐书》卷 49《食货志下》，第 2123 页。

⑤ （宋）王钦若等编：《册府元龟》卷 502《邦计部二十·常平》，第 6020 页下。

太宗的本意，也与义仓制度本身无关。

在设置义仓备荒的同时，唐太宗还诏令设置常平仓来平抑粮价，用以保障人民的生活，维护农业生产。唐朝建立之初，即于武德元年（公元618年）九月，诏令置常平监官，以"均天下之货。市肆腾踊，则减价而出；田稼丰羡，则增籴而收"，其目的在于"使公私俱济，家给人足，抑止兼并，宣通壅滞"①贞观十三年（公元639年）十二月，唐太宗诏于"洛、相、幽、徐、齐、并、秦、蒲等州并置常平仓"②，规定"粟藏九年，米藏五年，下湿之地，粟藏五年，米藏三年"③，把设置常平仓作为一项制度在全国推行。设置常平仓实为战国时期李悝为魏文侯行"平籴"法的继续和发展。其功用在于：国家在丰年粮价下跌时按平价购进农民多余的粮食，储藏起来；在荒年粮价腾贵时仍按平价卖出所购进的粮食，用来防止"籴甚贵伤民，甚贱伤农"④。

贞观年间，自然灾害频频发生。唐太宗所推行的设置义仓、常平仓制度，对于帮助民众渡过灾荒、保障农业生产的恢复和发展，维护社会的稳定等方面，无疑都起到了重要的作用。

---

① （后晋）刘昫等撰：《旧唐书》卷49《食货志下》，第2122页。

② （后晋）刘昫等撰：《旧唐书》卷3《太宗本纪下》，第50页。

③ （宋）欧阳修、宋祁撰：《新唐书》卷51《食货志一》，第1344页。

④ （东汉）班固撰：《汉书》卷24上《食货志上》，第1124页。

三、轻徭薄赋，劝课农桑

唐初与均田制相适应的，是租庸调的赋役制度。"租庸调
之法，以人丁为本。"① 这一制度初定于武德二年（公元 619
年），修订于武德七年（公元 624 年）。"唐之始时，授人以
口分、世业田，而取之以租、庸、调之法，其用之也有节。盖
其畜兵以府卫之制，故兵虽多而无所损；设官有常员之数，
故官不滥而易禄。虽不及三代之盛时，然亦可以为经常之法
也。"② 唐初实施的租庸调制，租是受田户每年每丁要纳粟二
石。庸是每个受田成年男丁要为国家服役二十日，如不服役
可用絁或绢代役，每日三尺，二十日共计六丈。调是每丁纳绢
二丈，另加丝绵三两；或者纳麻布二丈五尺，另加麻三斤。
如果在二十日外加服徭役十五日，则免交调；加服三十日徭
役，则租调皆免，追加正役不得超过五十日。租庸调始行于
隋文帝时期，唐代沿用此制并作了相应的改革，有所进步，
如隋时奴婢受田并缴纳租赋，唐代则奴婢不受田亦不交租赋；
隋时，民年五十免役收庸，而唐代一切徭役均可输庸代役。

唐太宗即位以后，继续执行唐高祖时制定的赋税制度，
对租庸调赋役制度没有进行重大的改革，但他在即位后确实

---

① （宋）欧阳修、宋祁撰：《新唐书》卷 32《食货志二》，第 1351 页。
② （宋）欧阳修、宋祁撰：《新唐书》卷 51《食货志一》，第 1341—1342 页。

实行了"轻徭薄赋"的政策，减轻农民的负担，以有利于安定社会秩序、恢复并发展农业生产。

据史书记载，武德九年（公元626年）八月，唐太宗在即皇帝位之时，诏令"免关内及蒲、芮、虞、泰、陕、鼎六州二岁租，给复天下一年"[①]。

贞观元年（公元627年），"是夏，山东旱，免今岁租。"[②]

贞观四年（公元630年）十月壬辰，"赦岐、陇二州，免今岁租赋"[③]。

贞观十一年（公元637年）正月乙卯，"免雍州今岁租赋"；同年三月，免洛州"一岁租、调"[④]。

贞观十二年（公元638年）二月，"免朝邑今岁租赋"[⑤]。

贞观十三年（公元639年）正月，免三原县人"今岁租赋"[⑥]。

贞观十四年（公元640年）正月，免雍州长安县延康里"今岁租赋"[⑦]。

贞观十五年（公元640年）四月，"免洛州今岁租，迁户故给复者加给一年。"[⑧]

① （宋）欧阳修、宋祁撰：《新唐书》卷2《太宗本纪》，第27页。
② （宋）欧阳修、宋祁撰：《新唐书》卷2《太宗本纪》，第28页。
③ （宋）欧阳修、宋祁撰：《新唐书》卷2《太宗本纪》，第32页。
④ （宋）欧阳修、宋祁撰：《新唐书》卷2《太宗本纪》，第36—37页。
⑤ （宋）欧阳修、宋祁撰：《新唐书》卷2《太宗本纪》，第38页。
⑥ （宋）欧阳修、宋祁撰：《新唐书》卷2《太宗本纪》，第38页。
⑦ （宋）欧阳修、宋祁撰：《新唐书》卷2《太宗本纪》，第39页。
⑧ （宋）欧阳修、宋祁撰：《新唐书》卷2《太宗本纪》，第40页。

贞观十六年（公元 642 年），唐太宗以天下粟价率计斗直五钱，其尤贱处计斗直三钱，因谓侍臣曰：

> 国以人为本，人以食为命。若禾黍不登，则兆庶非国家所有。既属丰稔若斯，朕为亿兆人父母，安得不喜。唯欲躬务俭约，必不辄为奢侈。朕常欲赐天下之人，皆使富贵。令省徭薄赋，不夺其时，使比屋之人，恣其耕稼，此则富矣。敦行礼让，使乡闾之间，少敬长，妻敬夫，此则贵矣。但令天下皆然，朕不听管弦，不从畋猎，乐在其中矣！①

贞观十七年（公元 643 年）三月，"给复齐州一年。"②

贞观二十年（公元 646 年）正月，"赦并州，起义时编户给复三年，后附者一年。"③

贞观二十二年（公元 648 年）二月，"见京城父老，劳之，蠲今岁半租，畿县三之一"；三月，"给复县人自玉华宫苑中迁者三年"④。

贞观年间，减某一州、县税事例，见于史书记载的还有若干次，范围不广大，次数亦不多，不仅无法同西汉初年文帝、景帝大幅度减免天下租税相比，也比不上隋初减免徭役

---

① （唐）吴兢撰，谢保成集校：《贞观政要集校》卷 8《务农第三十》，第 426—427 页。

② （宋）欧阳修、宋祁撰：《新唐书》卷 2《太宗本纪》，第 42 页。

③ （宋）欧阳修、宋祁撰：《新唐书》卷 2《太宗本纪》，第 45 页。

④ （宋）欧阳修、宋祁撰：《新唐书》卷 2《太宗本纪》，第 47 页。

或租税的规模与次数，这很可能与唐初的财政收入较少、国库严重空虚有关。在"轻徭薄赋"问题上，如果说唐太宗并没有在"薄赋"问题上多做出文章的话，那么，在"轻徭"方面，贞观年间的唐太宗确实有值得称道的地方，这当然也与他对唐初形势的认识和以隋亡为鉴有关。例如，贞观元年（公元627年），他对侍臣说："朕今欲造一殿，材木已具，远想秦皇之事，遂不复作也。"又，"贞观二年，公卿奏曰：'依礼，季夏之月，可以居台榭。今夏暑未退，秋霖方始，宫中卑湿，请营一阁以居之。'太宗曰：'朕有气病，岂宜下湿？若遂来请，靡费良多。昔汉文帝起露台而惜十家之产，朕德不逮于汉文帝，而所费过之，岂谓为人父母之道也？'固请至于再三，竟不许。"直到贞观四年（公元630年），唐太宗仍对侍臣们说："崇饰宫宇，游赏池台……劳弊之事，诚不可施于百姓。"[1] 可见唐太宗深知大兴土木、徭役过重给民众带来的灾害及其所产生的严重后果。他不仅本人以此来约束自己，而且通过制定法律来约束地方官员。《唐律疏议》卷十六规定："修城郭，筑堤防，兴起人功，有所营造，依《营缮令》：'计人功多少，申尚书省听报，始合役功。'或不言上及不待报，各计所役人庸，坐赃论减一等，其庸倍论，罪

---

① （唐）吴兢撰，谢保成集校：《贞观政要集校》卷6《论俭约第十八》，第317—318、319、320页。

止徒二年半。"①《唐律》对违令者予以刑事处分，显然意在防止滥用人力。

除了轻徭薄赋，为了劝课农桑，唐太宗还十分重视籍田仪式，特地颁布《籍田诏》，预作准备。施行之日，盛况空前。据《旧唐书·礼仪志四》载："太宗贞观三年正月，亲祭先农，躬御耒耜，籍于千亩之甸……此礼久废，而今始行之，观者莫不骇跃。"②天子亲耕籍田原是古代仪式而已，不足为奇。自东晋以后，由于中原分裂，战争纷纭，加上北方少数民族的风俗不同，连籍田仪式也被废弃了。唐太宗鉴于前代不重农事的教训，采取"躬御耒耜"的举措，显然具有提倡鼓励尽力农耕的含义与作用。

唐太宗还采取抑怠惰的做法，鼓励人尽其力，地尽其利。贞观初，某些地方官吏深体太宗旨意，曾于任内予以贯彻。如"洛阳因隋末丧乱，人多浮伪"，洛州都督窦轨"并遣务农，各令属县有游手怠惰者皆按之"③。收到了一定的效果。

唐太宗经常派遣使臣到各地巡视，劝课农桑。劝课农桑的关键在于不违农时。唐太宗从农本思想出发，十分强调"农时甚要，不可暂失"④。例如，贞观五年（公元631年），曾

---

① 刘俊文撰：《唐律疏议笺解》卷16《擅兴·兴造不言上待报》，第1208页。
② （后晋）刘昫等撰：《旧唐书》卷24《礼仪志四》，第912页。
③ （后晋）刘昫等撰：《旧唐书》卷61《窦威传附窦轨传》，第2366页。
④ 杜佑撰：《通典》卷56《礼十六·沿革十六·嘉礼一·皇太子冠》，第1579页。

发生过举行礼仪与农时冲突的事件。当时相关官员援引阴阳家择用吉日的理论说："皇太子将行冠礼，宜用二月为吉，请追兵以备仪注。"二月正是春耕大忙季节，唐太宗宁愿屈礼而贵农，说："今东作方兴，恐妨农事。"令改用十月。皇太子的冠礼是国之大事，唐太宗不顾阴阳家的理论，将日期改为秋后农闲的十月，足见他对不失农时的重视。再如，唐太宗喜欢狩猎活动，以示不忘武备。为了不妨碍农时，尽量选择农闲时间进行。据《旧唐书·太宗本纪》载，贞观年间他有过十次狩猎，都是选在当年的十、十一、十二月。

唐太宗还运用法律手段来保证这项措施的贯彻。《唐律》有《非法兴造》条文，指出"诸非法兴造及杂徭役，十庸以上坐赃论"。《疏议》解释："'非法兴造'，谓法令无文；虽则有文，非时兴造亦是，若作池、亭、宾馆之属。'及杂徭役'，谓非时科唤丁夫，驱使十庸以上坐赃论。"[①]这里，所谓"非时兴造"，就是农忙动工，违反农时，故被视为"非法"，体现了唐太宗"不夺农时"的与民休息思想。

唐太宗从各方面推行的重农安民政策，效果是明显的。经过贞观君臣的精心治理，终于迎来了唐初盛世，其灿烂繁华的景象，正如史书所描绘的那样：

贞观初，户不及三百万，绢一匹易米一斗。至四年，米

---

① 刘俊文撰：《唐律疏议笺解》卷 16《擅兴·非法兴造》，第 1212 页。

斗四五钱，外户不闭者数月，马牛被野，人行数千里不赍粮，民物蕃息，四夷降附者百二十万人。是岁，天下断狱，死罪者二十九人，号称太平。此高祖、太宗致治之大略，及其成效如此。①

---

① （宋）欧阳修、宋祁撰：《新唐书》卷51《食货志一》，第1344页。

第七章　修订法律　健全法制

　　唐王朝在草创之初，统治者亟意图治的一项重要内容，就是致力健全与完善法律法令制度。经历了隋末农民战争急风暴雨式的打击，摆在唐初统治者面前的最重要使命即是迅速完成拨乱反正的任务，而能否根据形势变化修订律令，调整法律制度，以此重建国家政治社会秩序，巩固新兴王朝的统治，这是摆在唐初君臣面前十分严峻的一项任务，更是对唐初统治者执政能力的考验。贞观年间，唐太宗统治集团在立法上删削繁苛，务求宽简，司法上推行恤刑慎杀、不避权贵的政策，强调务实的审判作风。这一时期，以长孙无忌为首制定的《唐律》及《律疏》继承了历代法制和律学的成果，比较完整集中地体现了官方正统法律思想对法制领域的影响和成就，对后世产生了重要而且深远的影响。

一、修订律令，法务宽简

当初李渊起兵晋阳时，为了争取民众的支持，"即布宽大之令。百姓苦隋苛政，竞来归附。旬月之间，遂成帝业"。攻入长安后，曾"约法为十二条。惟制杀人、劫盗、背军、叛逆者死，余并蠲除之"。武德元年（公元618年），鉴于隋炀帝的烦法酷刑的严重后果，唐高祖李渊宣布废除隋《大业律令》，同时由裴寂、刘文静、萧瑀、崔善为等依照隋《开皇律》，重新修订法律制度，"尽削大业所用烦峻之法。又制五十三条格，务在宽简，取便于时"①。及至武德七年（公元624年），正式颁行新律令，即《武德律》。《武德律》的特点是宽简易知，这显然是损益隋《开皇律》的结果。

唐太宗即位后，力图在《武德律》的基础上进一步完善法律制度，他指示群臣讨论致治与立法的原则。当时出现了宽严两种截然不同的主张，以封德彝为代表的严治派，主张以严刑峻法作为立法之本；而魏徵为代表的宽治派，则主张用慎刑宽法作为制法依据。"初即位，有劝以威刑肃天下者，魏徵以为不可。因为上言王政本于仁恩，所以爱民厚俗之意，太宗欣然纳之，遂以宽仁治天下，而于刑法尤慎。"②经过辩论，唐太宗采纳了魏徵的建议，以所谓"王政"来代替隋末

① （后晋）刘昫等撰：《旧唐书》卷50《刑法志》，第2133、2133、2144页。
② （宋）欧阳修、宋祁撰：《新唐书》卷56《刑法志》，第1412页。

暴政，并坚持了李渊的制法宽简的思想，最终形成了"公平正直"①"明德慎罚，惟刑恤哉"②的立法思想。贞观三年（公元629年），唐太宗在诏令中说"泣辜慎罚，前王所重"③，即是指此而言。

确立了"慎刑""刑恤"的指导思想以后，就是着手进行律令的修订。贞观元年（公元627年）正月，唐太宗命长孙无忌、房玄龄等人本着上述立法原则，参照隋《开皇律》，对《武德律》进一步进行修订、完善，历时十年，《唐律》即《贞观律》于贞观十一年（公元637年）正月在全国颁发执行。《贞观律》有十二篇、五百条。此外还编定《贞观令》三十卷、《贞观格》十八卷。

律、令、格、式是唐朝法规的四种基本形式。《新唐书·刑法志》解释说："令者，尊卑贵贱之等数，国家之制度也；格者，百官有司之所常行之事也。式者，其所常守之法也。"④《唐六典》解释说："律以正刑定罪，令以设范立制，格以禁违正邪，式以轨物程事。"⑤从大体上看，律是刑事法规，相

---

① （唐）吴兢撰，谢保成集校：《贞观政要集校》卷5《论公平第十六》，第283页。

② （后晋）刘昫等撰：《旧唐书》卷71《魏徵传》，第2553页。

③ （宋）宋敏求编：《唐大诏令集》卷80《典礼·养老·赐孝义高年粟帛诏》，第460页。

④ （宋）欧阳修、宋祁撰：《新唐书》卷56《刑法志》，第1407页。

⑤ 唐玄宗御撰，李林甫等注：《唐六典》卷6《尚书刑部》"刑部郎中员外郎"条，第248页。

当于近代的刑法典；令是关于国家体制和基本制度的法规；格是国家各部门机关处理公务时所应遵守的行政法规；式是指国家机关的公文程式。令、格、式带有行政法规的性质，而对于违犯令、格、式的，则按照《唐律》的有关条款予以处罚。例如，《均田令》《户令》对均田事宜有详细的规定，如果出现了授田不依田令、卖口分田、脱漏户口等行为，则按照《唐律·户婚》的有关条款予以处罚。再如，《职方式》对少设烽燧或遇警烽燧不举均有详细规定，如违犯则按照《唐律·卫禁》的有关规定予以处罚。总之，律、令、格、式相互配合与补充，构成了唐律的完备法律体系。

今本《唐律》共有十二篇五百零二条，现将十二篇简介如下。

第一篇为《名例》，共五十七条，是关于刑法的种类及其适用的一般规定，为《唐律》的总纲部分，相当于现代的刑法总则。其主要内容有关于"五刑""十恶""八议"的规定，还有关于划分"公罪"与"私罪"、自首减免刑罚、共犯区别首从、二罪俱发以重者论、累犯加重、同居相隐、比况类推、老少疾废减免刑罚、同罪异罚、区分故意与过失以及涉外案件处理等等，均有原则上的规定。

第二篇为《卫禁》，共三十三条，主要是关于宫廷警卫和守卫关津要塞的有关规定，目的在于确保皇帝的尊严及其人身安全，严禁私度关津要塞。

第三篇为《职制》，共有五十九条，主要是关于惩治官吏违法失职的有关规定，其主要内容有对不忠于职守、署置过限的处罚、严惩贪赃枉法官吏的具体规定等等。

第四篇为《户婚》，共四十六条，主要是关于户籍、田宅、赋役和婚姻家庭方面的规定，其主要内容有严格保护国有土地和私有土地的所有权，严禁脱漏户口、逃避赋役，维护封建的婚姻家庭关系。

第五篇为《厩库》，共二十八条，主要是关于牲畜、仓库管理方面的有关规定，目的是保护官有财物不受侵犯。

第六篇为《擅兴》，共二十四条，主要是关于兵士征集，军队调动及兴造方面的有关规定，其主要内容为严禁擅发兵、严惩贻误与泄露军机的行为，禁止随意兴造。

第七篇为《贼盗》，共五十四条，主要关于保护统治阶级也包括平民百姓的生命、财产不受侵犯的法律规定，其主要内容包括对谋反、谋大逆、谋叛罪等危及国家政权和皇帝特权及人身安全等犯罪的严惩，对其他危害生命安全犯罪的严惩，对窃盗、强盗、监守自盗等盗窃行为的严惩，对买卖人口的严惩。

第八篇为《斗讼》，共六十条，主要是关于斗殴伤人和控告、申诉等方面的法律规定，其主要内容包括关于斗殴犯罪的规定，关于诉讼方面的规定。

第九篇为《诈伪》，共二十七条，主要是关于欺诈和伪造方面的法律规定。

第十篇为《杂律》，共六十二条，主要是关于不能编入其他篇的犯罪行为的法律规定，主要内容包括买卖、借贷、市场管理以及男女奸情等方面的法律规定。

第十一篇为《捕亡》，共十八条，主要是关于追捕逃犯、捕捉罪人和逃避兵役及徭役的兵员、役丁的法律规定。

第十二篇为《断狱》，共三十四条，主要是关于司法审判和监狱管理方面的法律规定。

《唐律》的十二篇五百零二条的内容表明，它以维护君主专制制度的等级制度和宗法制度为核心，维护统治阶级的政治、经济利益以及人身安全，在刑法方面的刑罚适用原则的严整、关于犯罪种类的详尽与细密，这在帝制时代的法典中是具有代表意义的。此外，《唐律》还注重经济立法，运用法律来调整经济关系；注重民事立法，运用法律来调整民事关系，如此等等，不一而足。总之，《唐律》的内容表明，它是在"宽仁慎刑""礼法合一"的基本原则指导下所制定的"诸法合体、以刑为主"，律、令、格、式相互配合、补充，具有"规范详备、科条简要""中典治国、用刑持平"等诸多特点的一部体系完备的法典，是中国帝制时代法典的典范。[①]

《唐律疏议》则是在唐太宗死后的第四年由长孙无忌、李勣、于志宁等人编纂而成的，律文主要是《永徽律》的律文，《疏议》则是对于五百余篇律文逐条逐句进行诠解和疏释。由于它是经唐高宗批准颁行的，因而疏文与律文具有相

---

① 参见黄中业著：《唐太宗大传》，第132—133页。

同的法律效力。

《唐律疏议》重在维护皇权，其卷一《名例律·十恶》对十恶罪名作了解释，从中可以看到唐太宗制定《贞观律》的目的，其内容如下。

一是谋反。原注说："谓谋危社稷。"社稷是指以君主为代表的国家政权。所谓"谋危社稷"就是指预谋反对皇帝和推翻国家政权的行动，在君主社会中被认为是最严重的犯罪行为，列为十恶之首。之所以如此，《疏议》解释说：

> 案《公羊传》云："君亲无将，将而必诛。"谓将有逆心，而害于君父者，则必诛之。《左传》云："天反时为灾，人反德为乱。"然王者居宸极之至尊，奉上天之宝命，同二仪之覆载，作兆庶之父母。为子为臣，惟忠惟孝。乃敢包藏凶慝，将起逆心，规反天常，悖逆人理，故曰"谋反"。①

谋反罪的构成，不仅以行动为依据，只要有了某种不满的言论，不论是否有真实的计划或付诸行动，都以谋反论处。

二是谋大逆。原注说："谓谋毁宗庙、山陵及宫阙。"即谋毁皇家的宗庙、陵墓及宫殿，是严重侵犯皇帝尊严的行为。《疏议》说："此条之人，干纪犯顺，违道悖德，逆莫大焉。"②因此把上述行为列为十恶的第二种。

---

① 刘俊文撰：《唐律疏议笺解》卷1《名例·十恶》，第56页。
② 刘俊文撰：《唐律疏议笺解》卷1《名例·十恶》，第57页。

三是谋叛。原注说："谓谋背国从伪。"[1] 指的是背叛朝廷、私通和投降敌伪政权的行为。谋叛罪的主要打击对象，一是叛国的民族败类和反对中央政权的地方割据势力，二是支援农民起义而进行武装反抗的官兵。

四是恶逆。原注说："谓殴及谋杀祖父母、父母，杀伯叔父母、姑、兄姊、外祖父母、夫、夫之祖父母、父母。"《疏议》说："父母之恩，昊天罔极。嗣续妣祖，承奉不轻。枭镜其心，爱敬同尽，五服至亲，自相屠戮，穷恶尽逆，绝弃人理，故曰'恶逆'。"[2] 其立法目的是为了维护以父权为中心的封建家族关系。其论罪的规定也因亲属关系的亲密程度的不同而有所差异。若对祖父母、父母有殴击的行为，不必造成伤害，或者有谋杀的计划而不必开始行动，就已构成犯罪。对伯叔以下，则必须有实际的行动才构成犯罪。

五是不道。不道指违背正道，原注说："谓杀一家非死罪三人，支解人，造畜蛊毒、厌魅。"此条罪名起源很早，《疏议》说："汉制《九章》，虽并湮没，其'不道''不敬'之目见存，原夫厥初，盖起诸汉。"[3] 唐律之所以要把杀一家非死罪 3 人和肢解人等行为列入十恶大罪，从表面上看来是为了保护人身的安全，防止各种残暴杀人的行为，真正的立法目

---

①　刘俊文撰：《唐律疏议笺解》卷 1《名例·十恶》，第 57 页。

②　刘俊文撰·《唐律疏议笺解》卷 1《名例·十恶》，第 58 页。

③　刘俊文撰：《唐律疏议笺解》卷 1《名例·十恶》，第 59、56 页。

的主要还是为了防止受压迫的阶级对统治阶级的报复行为。至于造畜蛊毒和厌魅，是指用蛊毒、厌魅的方法致人以死。其实这两种行为并不能给人造成伤害，是一种迷信。

六是大不敬。指对皇帝的不尊敬，如盗取皇帝祭祀用品或皇帝日常穿戴物品；盗取或伪造皇帝的玺印；为皇帝配制药物题封有误；为皇帝烹调膳食误犯食禁；为皇帝制造舟船误不牢固；诽谤皇帝；无礼对待皇帝派遣的使者。其立法的目的是为了维护皇帝的尊严和安全，凡不利于君主尊严和安全的、即使是一些细小的过误行为也要被列入大罪。

七是不孝。指对直系尊亲属有忤逆行为，如控告或咒骂祖父母、父母；祖父母、父母在时分居独立门户；对祖父母、父母供养有缺；居父母丧时嫁娶作乐，改着吉服；闻祖父母、父母丧匿不举哀；诈称祖父母、父母死亡。其立法目的在于维护纲常礼教，以巩固统治秩序。

八是不睦。指谋杀及出卖缌麻以上亲属；殴打或控告丈夫及大功以上尊长和小功尊亲属。其立法目的是为了禁止亲属间的相互侵犯。

九是不义。指杀害本属府主、刺史、县令、见受业师；吏卒杀害本部五品以上官长；闻夫丧匿不举哀，作乐，改着吉服和改嫁。其立法目的在于维护尊卑之间的义务关系。

十是内乱。指奸污小功以上亲属；强奸及和奸父祖之妾。其立法目的在于禁止亲属之间不正当的性关系的发生，以维护伦理道德秩序。[①]

《唐律疏议》具有以下几个特点。

第一，《唐律疏议》以法典的形式，确保皇帝至尊和神圣不可的统治地位。在"十恶"这十种重大犯罪的规定中，谋反指图谋危害皇帝，谋大逆指图谋侵害皇帝的宫殿、宗庙和陵墓的行为，谋叛指背叛国家、投靠外国或国内敌对政权等，大不敬包括七项触犯皇帝至尊地位的犯罪，如盗皇帝印玺、对抗皇帝使臣等，都是对皇帝尊严和以其为代表的政权安全的侵犯，违反者将被处以特别严厉的处罚。皇帝奉天命统治臣民，像天那样无所不盖，像地那样无所不载，又是作为百姓的父母降临人世的。如果图谋侵害，被认为是违反天道、悖逆伦理的行为。这里使用的正是传统的君权天命的理论。对于谋反，规定当事者即使只具有犯罪意图，也与已着手实施者一样处罚，本犯处斩，父子株连处绞，其他近亲属充为官奴或流放，财产没收；这种意图根本不可能实现的，也处严刑；即便确无其实，但只要出此悖逆之言，仍要处以远流。

第二，《唐律疏议》将纲常伦理中有关家族关系的内容法典化，严格维护以父权和夫权为中心的家庭伦常道德。其中将恶逆、不孝、不睦、不义、内乱等行为都列入"十恶"。

---

① 参见刘俊文撰：《唐律疏议笺解》卷1《名例·十恶》，第56—65页。

父为子纲、夫为妻纲的思想都以具体的法律规定加以体现。如子女殴打父母皆斩，而父母殴打子女当然无罪，故杀子女也仅徒两年半；普通人之间相互斗殴致伤，杖八十，夫打伤妻，只要杖六十，而反过来，妻若殴打夫则处徒一年。亲属之间人身、财产的侵犯，都按照双方的尊卑关系实行同罪异罚。

第三，庇护亲贵、品官和严格划分良贱的社会等级观念在《唐律疏议》中有充分的表现。皇亲国戚和各级官僚在司法上享有与其身份相应的特权。最高一等的，犯死罪必须交大臣集体讨论，司法机关不得直接审理；次一等的，犯死罪由司法机关审理后报皇帝裁决；再次者，与以上两种人共同享有犯流罪以下各减一等的特权。凡是官员，犯流以下的一般罪名，都可以用历任官的官品抵罪，再交铜赎余罪，不须实际执行刑罚；其有关亲属也可享受以钱赎罪的优待。平民和奴婢之间有森严的界限，主人与奴婢间更是地位悬殊。如普通人之间斗殴无伤，笞四十，而奴婢殴打普通人杖六十，殴打主人及其近亲属要处死，主人殴奴婢则无罪。

第四，《唐律疏议》继承正统法律思想中德治的传统，确立了有关恤刑的具体制度。其中规定一般情况下加重处罚不加至死刑；符合一定年龄标准或身体有严重残疾的人犯罪，可以享受一些优待；犯罪后自首的可以减免刑罚；对老、小、孕妇等不得刑讯；孕妇犯死罪应延期执行；犯罪证据不充分但又有严重嫌疑的，可以用钱赎罪。此外对狱政管理也规定了一些体恤罪犯的制度。

　　第五，《唐律疏议》作为中华法系的代表性法典，吸收、继承了前代立法、司法等各方面的经验和成果，将官方正统法律思想的内容逐步纳入法制化的轨道。这有利于将正统思想的各个组成部分更好地整合为一个有机的系统，贯彻于司法实践。由于唐律较好地完成了思想的制度化，因此为后来历代所宗奉。它不仅是中国传统法律制度的代表作，也是历代正统法律思想的典范和结晶。[①]

　　由此可见，唐大宗亲自主持制定的《贞观律》具有以下几个特点。

　　第一，贞观立法注重划一性。

　　唐太宗曾对群臣赞扬制法"画（划）一"的萧何[②]，将萧何立法作为他们效法的榜样。法令若不划一，律文互出，容易造成司法漏洞，唐太宗对此有着清醒的认识。他说："若欲出罪即引轻条，若欲入罪即引重条。"就是说法吏上下其手，易生轻罪重判或重罪轻判之弊。据此，唐太宗告诫立法者："宜令审细，毋使互文。"[③]立法的划一性是保证量刑的准确性的前提，可以避免失入失出与畸轻畸重的断案，利于采取

---

　　① 参见郭建主编:《中国法律思想史》(第二版)，复旦大学出版社2018年版，第104页。

　　② （唐）吴兢撰，谢保成集校:《贞观政要集校》卷8《论赦令第三十二》，第450页。

　　③ （唐）吴兢撰，谢保成集校:《贞观政要集校》卷8《论赦令第三十二》，第450页。

罪刑法定形式。故《贞观律》规定："诸断罪皆须具引律、令、格、式正文，违者笞三十，若数事共条，止引所犯罪者，听。"[①]"断罪引律令"反映了唐太宗以刑律的划一性制约法司断案从中舞弊的可能。

第二，贞观立法强调稳定性。

贞观十年（公元 636 年）十二月，唐太宗指出："法令不可数变，数变则烦，官长不能尽记；又前后差违，吏得以为奸。自今变法，皆宜详慎而行之。"[②]法不稳定，律文多变，易生繁文，导致严刑。同时也使人心多惑，无所适从。多变与少变、不稳与稳定，都是互相比较而言，保持法律的稳定性必以少变或不变作为前提。唐太宗要求立法者审慎而行，不可轻立；既立之后，"必须审定，以为永式"[③]。事实证明，唐太宗确立的这个立法准则是得到了认真付诸实施的。"自房玄龄等更定律、令、格、式，讫太宗世，用之无所变改。"[④]唐太宗深知，在治理国家中，相对的稳定立法，并非一成不变，对某些不合时宜的条文，就必须顺应时势作适当的修改，但应按照严格的修改律文手续。《唐律》卷十四《户

① 刘俊文撰：《唐律疏议笺解》卷30《断狱·断罪不具引律令格式》，第2063页。

② （宋）司马光编：《资治通鉴》卷194《唐纪十》"上曰法令不可数变"条，第6124页。

③ （唐）吴兢撰，谢保成集校：《贞观政要集校》卷8《论赦令第三十二》，第450页。

④ （宋）欧阳修、宋祁撰：《新唐书》卷56《刑法志》，第1413页。

婚》指出："诸称律、令、式，不便于事者，皆须申尚书省议定奏闻。若不申议，辄奏改行者，徒二年。"《唐律疏议》对此所作的解释是：召集七品以上的京官，集体讨论议决，然后上奏裁定。[1] 这就是说，修改律令权归尚书省，批准律令权归皇帝，互相制肘，缺一不可，《唐律》规定将修改权与批准权分立，目的也是保持立法的稳定性。

第三，唐初立法注意简约性。

贞观元年（公元 627 年），唐太宗对侍臣说："死者不可再生，用法须务存宽简。"[2] 贞观十年（公元 636 年），唐太宗又发出"国家法令，惟须简约，不可一罪作数种条格"[3] 的旨意。立法官员深体上意，斟酌前代法典利弊，所谓"酌前王之令典，探往代之嘉猷"，务在"革弊蠲苛""刑清化洽"[4]。问世后的《贞观律》，远较往代刑律简约，以死刑条目为例，"比古死刑，殆除其半"；也比号称宽简的《开皇律》减斩刑为流刑九十二条，减流刑为徒刑七十一条，还废除了鞭背酷刑与断趾等肉刑。所谓"削烦去蠹，变重为轻者，不可胜

---

① 刘俊文撰：《唐律疏议笺解》卷 11《职制·律令式不便辄奏改行》，第 908—909 页。

② （唐）吴兢撰，谢保成集校：《贞观政要集校》卷 8《论刑法第三十一》，第 428 页。

③ （唐）吴兢撰，谢保成集校：《贞观政要集校》卷 8《论赦令第三十二》，第 450 页。

④ （后晋）刘昫等撰：《旧唐书》卷 74《崔仁师传》，第 2621 页。

纪"①，决非无据。贞观十一年（公元 637 年），房玄龄等与法司"增损隋律，降大辟为流者九十二，流为徒者七十一，以为律；定令一千五百四十六条，以为令；又删武德以来敕三千余条为七百条，以为格"②。可以说，贞观立法是当时最为简约的条文，它有利于健全司法。因为唐太宗简约法令，意在防止"官人不能尽记，更生奸诈"③，而导致法出多门的弊病。可见，贞现立法，特别是刑法是较为完善与易行的。④

二、严以执法，不辟权贵

唐太宗曾说过："法者非朕一人之法，乃天下之法也。"⑤作为一名开明君主，唐太宗重视法治建设，尊重法律的独立性、认可皇权有限性。贞观司法的另一个重要表现，就是君臣上下都认真地恪守法令制度。正是由于君臣上下做到了严格执法守法，才有了唐初社会的"治世"出现。

总结起来，贞观"守法"之风，大致表现在如下方面。

① （后晋）刘昫等撰：《旧唐书》卷 50《刑法志》，第 2136、2138 页。

② （宋）欧阳修、宋祁撰：《新唐书》卷 56《刑法志》，第 1410 页。

③ （唐）吴兢撰，谢保成集校：《贞观政要集校》卷 8《论赦令第三十二》，第 450 页。

④ 参见赵克尧、许道勋著：《唐太宗传》，第 179—181 页。

⑤ （后晋）刘昫等撰：《旧唐书》卷 70《戴胄传》，第 2533 页。

第一，唐太宗引咎自责，带头守法。

雄才大略如唐太宗者，亦承认自己难免有时"临朝断决，亦有乖于律令者"。历史上，帝王断决偶与律令相违并不奇怪，通常情况，君主不愿承认，臣下为之掩饰，更不用说引咎自责了。然唐太宗乃一代明君，他认为此非"小事"，强调自觉守法。他为此告诫众大臣经常提醒他自觉守法。唐太宗说："公等以为小事，遂不执言。凡大事皆起于小事，小事不论，大事又将不可救，社稷倾危，莫不由此。隋主残暴，身死匹夫之手，率土苍生，罕闻嗟痛。公等为朕思隋氏灭亡之事，朕为公等思龙逢、晁错之诛，君臣保全，岂不美哉！"[①]唐太宗对广州都督党仁弘案件的处理，就是一个典型例子。党仁弘在任勾结豪强，受贿金宝，以没官的少数民族僚族作为奴婢，又擅自赋敛，被人告发，"法当死"。唐太宗怜其年老，又念其元功，从宽发落，"贷为庶人"。这自然到了触犯司法的尊严，自知"弄法以负天"，不愿轻开这种先例，于是采取了"请罪于天"的办法，经房玄龄等大臣再三劝阻，指出唐太宗"宽仁弘不以私而以功，何罪之请"[②]。尽管如此，他还是下了罪己诏，说自己有三罪，即知人不明、以私乱法、

---

① （唐）吴兢撰，谢保成集校：《贞观政要集校》卷1《政体第二》，第35页。
② （宋）欧阳修、宋祁撰：《新唐书》卷56《刑法志》，第1412页。

未能善赏恶诛[①]，以引咎自责来维护国家法律的尊严，这在君主时代的帝王中是少见的。

贞观五年（公元631年），张蕴古任大理寺丞。相州人李好德"素有风疾，言涉妖妄"，唐太宗下令审问这件案子。张蕴古向唐太宗说："李好德患疯病有证据，依法不应治罪。"太宗答应宽恕赦免李好德。张蕴古私下将唐太宗的意旨告诉给李好德，又招来李好德与他下棋，治书侍御史权万纪弹劾张蕴古，唐太宗盛怒之下，下令将张蕴古在长安东市处斩。行刑后，唐太宗发现张蕴古虽然犯法，但罪不至死，对自己盛怒之下令杀张蕴古很是后悔，便对宰相房玄龄说："公等食人之禄，须忧人之忧，事无巨细，咸当留意。今不问则不言，见事都不谏诤，何所辅弼？如蕴古身为法官，与囚博戏，漏泄朕言，此亦罪状甚重，若据常律，亦未至极刑。朕当时盛怒，即令处置，公等竟无一言，所司又不覆奏，遂即决之，岂是道理？"因此下诏说："凡有死刑，虽令即决，皆须五覆奏。"又说："守文定罪，或恐有冤。自今以后，门下省覆，有据法令合死而情可矜者，宜录奏闻。"[②]唐朝凡判处死刑，虽下令立即处决，都要五次上奏这种办法是从防止张蕴古案

---

① （宋）司马光编：《资治通鉴》卷196《唐纪十二》"高祖之入关也"条，第6182页。

② （唐）吴兢撰，谢保成集校：《贞观政要集校》卷8《论刑法第三十一》，第432页。

再现开始的。

贞观十一年（公元 637 年），唐太宗因"自张蕴古之死，法官以出罪为戒；时有失入者，又不加罪"。询问大理卿刘德威"近日刑网稍密，何也？"刘德威解释说："此在主上，不在群臣，人主好宽则宽，好急则急。"改变此风的办法是"陛下傥一断以律，则此风立变矣"。唐太宗悦而从之，"由是断狱平允。"① 同年，魏徵也直言进谏："夫刑赏之本，在乎劝善而惩恶，帝王之所以与天下为画一，不以亲疏贵重而轻贱者也。今之刑赏，未必尽然。或申屈在乎好恶，或轻重由乎喜怒，遇喜则矜其情于法中，逢怒则求其罪于事外。"② 喜怒用刑，不独人主，人臣亦然。魏徵针砭的是整个司法界的时弊，但要唐太宗承担主要责任，带头守法，不失有识之见，唐太宗亦"深嘉而纳用"③，不失帝王之豁达大度。

第二，臣下奉公守法，肃平吏治。

唐太宗鉴于隋末官吏违法过滥的历史教训，要求臣下严格守法。贞观元年（公元 627 年），唐太宗发布诏令，指出律令已颁，"内外群官，多不寻究，所行之事，动乖文旨。"④ 谆

---

① （宋）司马光编：《资治通鉴》卷 194《唐纪十》"自张蕴古之死"条，第 6126 页。

② （宋）王钦若等编：《册府元龟》卷 327《宰辅部二十·谏诤三》，第 3865 页下。

③ （唐）吴兢撰，谢保成集校：《贞观政要集校》卷 8《论刑法第三十一》，第 442 页。

④ （宋）王钦若等编：《宋本册府元龟》卷 151《帝王部一百五十一·慎罚》，第 270 页上。

谆告诫臣下以后如有违犯，严加纠弹。尔后，唐太宗又启示大臣说："朕见隋炀帝，都不以官人违法为意，性多猜忌，惟虑有反叛者。朕则不然，但虑公等不遵法式，致有冤滞。"[①]唐太宗表白自己与隋炀帝猜忌大臣不同，而是信任臣下，只是担心臣下是否奉公守法。他常说："卿等若能小心奉法，常如朕畏天地，非但百姓安宁，自身常得欢乐。"[②]正是在唐太宗的倡导下，唐初循良辈出，执法公平，形成了"法平政成"[③]的局面。史称："太宗皇帝削平乱迹，涤洗污风，唯思稼穑之艰，不以珠玑为宝。以是人知耻格，俗尚贞修，太平之基，率由兹道。"[④]"人知耻格"是遵法守法的思想前提，"俗尚贞修"则是官风淳朴、遵法守法的事实反应。君臣互励，相得益彰，创立了贞观一代上下重法守法的良好风气。

第三，防范贪污，建设廉政。

防范贪污，惩办贪官是吏治清平的前提。

唐太宗十分重视官员的清廉建设。

贞观元年（公元627年），太宗对侍臣说："人有明珠，莫不贵重，若以弹雀，岂非可惜？况人之性命甚于明珠，见金银钱帛不惧刑网，径即受纳，乃是不惜性命。明珠是身外

---

① （唐）王方庆编：《魏郑公谏录》卷3，"对隋日山东养马"条，第11a—11b页。

② （唐）吴兢撰，谢保成集校：《贞观政要集校》卷6《论贪鄙第二十六》，第365页。

③ （宋）欧阳修、宋祁撰：《新唐书》卷197《循吏列序》，第5615页。

④ （后晋）刘昫等撰：《旧唐书》卷185《良吏传序》，第4782页。

之物，尚不可弹雀，何况性命之重，乃以博财物邪？群臣若能备尽忠直，益国利人，则官爵立至。皆不能以此道求荣，遂妄受钱物。赃贿既露，其身亦损，实为可笑。"①

贞观二年（公元 628 年），太宗对侍臣说："朕尝谓贪人不解爱财也，至如内外官五品以上，禄秩优厚，一年所得，其数自多。若受人财贿，不过数万，一朝彰露，禄秩削夺，此岂是解爱财物？视小得而大失者也。昔公仪休性嗜鱼，而不受人鱼，其鱼长存。且为主贪，必丧其国；为臣贪，必忘其身。《诗》云：'大风有隧，贪人败类。'固非谬言也。"②

贞观四年（公元 630 年），太宗对公卿说："朕终日孜孜，非但忧怜百姓，亦欲使卿等长守富贵。天非不高，地非不厚，朕常兢兢业业，以畏天地……古人云：'贤者多财损其志，愚者多财生其过。'此言可以为深诫。若徇私贪浊，非止坏公法、损百姓，纵事未发闻，中心岂不恒恐惧？恐惧既多，亦有因而致死。大丈夫岂得苟贪财物，以害身命，使子孙每怀愧耻耶？卿等宜深思此言。"③

贞观七年（公元 633 年），"户部尚书戴胄卒，太宗以其

---

① （唐）吴兢撰，谢保成集校：《贞观政要集校》卷 6《论贪鄙第二十六》，第 362 页。

② （唐）吴兢撰，谢保成集校：《贞观政要集校》卷 6《论贪鄙第二十六》，第 363 页。

③ （唐）吴兢撰，谢保成集校：《贞观政要集校》卷 6《论贪鄙第二十六》，第 365 页。

居宅弊陋，祭享无所，令有司特为之造庙。"贞观十一年（公元 637 年），温彦博卒，"温彦博为尚书右仆射，家贫无正寝，及薨，殡于旁室。太宗闻而嗟叹，遽命所司为造堂，厚加赙赠。"①

直到贞观十六年（公元 642 年），唐太宗还在谆谆告诫侍臣说："古人云：'鸟栖于林，犹恐其不高，复巢于木末；鱼藏于泉，犹恐其不深，复穴于窟下。然而为人所获者，皆由贪饵故也。'今人臣受任，居高位，食厚禄，当须履忠正，蹈公清，则无灾害，长守富贵矣。古人云：'祸福无门，惟人所召。'然陷其身者，皆为贪冒财利，与夫鱼鸟何以异哉？卿等宜思此语，用为鉴诫。"②

由上可见贞观时代唐太宗吏治廉政建设之成就度。

第四，严格执法，不徇私情。

隋代有较为完善的立法，而无严格的守法，原因之一，就是徇情枉法带来的恶果。隋文帝晚年"既喜怒不恒，不复依准科律。"于是便有一些法司善窥伺人主意图，专阿帝旨断狱："大理寺丞杨远、刘子通等，性爱深文，每随牙奏狱，能承顺帝旨。（文）帝大悦，并遣于殿庭三品行中供奉，每有诏

---

①（唐）吴兢撰，谢保成集校：《贞观政要集校》卷 6《论贪鄙第二十六》，第 369、370 页。

②（唐）吴兢撰，谢保成集校：《贞观政要集校》卷 6《论贪鄙第二十六》，第 372 页。

狱，专使主之。候帝所不快，则案以重抵，无殊罪而死者，不可胜原。"① 隋炀帝时，裴蕴也以帝旨断案，欲罪则罗织罪名，欲放则避重就轻。法司奉承君主废法卖情，君主鼓励法司承旨办案，守法以严，执法以平的司法制度荡然无存，民怨沸腾，亡国乱象因此无法避免。

唐太宗即位后，鉴于隋弊的教训，在治理国家时十分强调严格守法，反对徇情枉法，较好地处理了人情干预法律的现象。

贞观元年（公元 627 年），有上封事者，请秦府旧兵并授以武职，追入宿卫。唐太宗说："朕以天下为家，不能私于一物，惟有才行是任，岂以新旧为差？"② 拒绝此人的建议。

贞观四年（公元 630 年），唐太宗告诫群臣，不要干出既损百姓又损自己的徇私贪污之事。③ 为了严肃法纪，对重大的贪污犯均处死刑。并在行刑时，"诏朝集便临观而戮亡"，据《册府元龟》卷 700《牧守部三十·贪》所载："唐席辨，贞观中为沧州刺史。辨虽有干略，而性贪鄙。时所部长芦令李大辨，恣行侵夺，贿赂盈门，按察既知，屡加消让。大辨惧，求媚于辨，送缣二百匹，罗三十匹以遗之，辨逐纳之，

---

① （唐）魏征等撰：《隋书》卷 25《刑法志》，第 792 页。

② （唐）吴兢撰，谢保成集校：《贞观政要集校》卷 5《论公平第十六》，第 280 页。

③ （唐）吴兢撰，谢保成集校：《贞观政要集校》卷 6《论贪鄙第二十六》，第 365 页。

反加顾遇。事发，诏朝集便临观而戮之，大辨亦伏法。"用如此"重法"严惩贪污犯赃者，其效果则是不言而明。贞观六年（公元632年），唐太宗对侍臣说："朕比来决事或不能皆如律令，公辈以为事小，不复执奏。夫事无不由小而致大，此乃危亡之端也。"①

贞观十七年（公元643年），唐太宗姐姐长广公主的儿子、洋州刺史赵节，参与承乾的谋反，按法论死，他到姐姐府第时，姐姐向他求情，他不赦免，解释说："赏不避仇雠，罚不阿亲戚，此天下至公之道，不敢违也，以是负姊。"②这是唐太宗排除人情干预法律的一个例证。

值得一提的是，盛世年代，王公贵族、膏粱子弟往往凭借其家族显赫的政治地位横行不法，给社会造成了不良印象。贞观十一年（公元637年）颁行的《贞观律》中，根据唐太宗的"按举不法，震肃权豪"③的意志，制定了一些约束权豪恣意横行的刑律。其中如"因官人之威挟持形势，及乡间首望豪右之人，乞索财物者，累倍所乞之财，坐赃论减一等"④就是显例。由于严格执法，才出现了"制驭王公、妃主之家，大姓豪

　　①　（宋）司马光编：《资治通鉴》卷194《唐纪十》"上谓侍臣曰：'朕比来决事或不能皆如律令'"条，第6100页。

　　②　（宋）司马光编：《资治通鉴》卷197《唐纪十三》"丁亥，以中书令杨师道为吏部尚书"条，第6197页。

　　③　（宋）李昉等撰：《太平御览》卷812《珍宝部十一·银》引《唐书》，第3608页上。

　　④　刘俊文撰：《唐律疏议笺解》卷11《职制·挟势乞索》，第906页。

猾之伍，皆畏威屏迹，无敢侵欺细人"①的良好政治局面。

　　总之，"审慎周详"、重在落实的贞观法制，保障了"贞观之治"的实现，奠定了中国君主专制时代刑法的规范。据记载，贞观年间，由于唐太宗"能断决大事，得帝王之体。深恶官吏贪浊，有枉法受财者，必无赦免。在京流外有犯赃者，皆遣执奏，随其所犯，置以重法。由是官吏多自清谨。制驭王公、妃主之家，大姓豪猾之伍，皆畏威屏迹，无敢侵欺细人。商旅野次，无复盗贼，囹圄常空，马牛布野，外户不闭"②。可见，贞观一代，执法严格，吏治清明，社会安定，这应是基本的历史事实。

---

① （唐）吴兢撰，谢保成集校：《贞观政要集校》卷1《政体第二》，第52页。
② （唐）吴兢撰，谢保成集校：《贞观政要集校》卷1《政体第二》，第52页。

第八章　完善体制　合理分权

　　唐代政体以三省制为代表，然尚书、中书、门下三省之建制并不始于唐朝，而是源于魏晋，发展于南北朝。隋朝建立后，隋文帝综合历代制度，立尚书、门下、内史、秘书、内侍五省，及诸台寺卫府。唐初因袭隋制，尚书仆射为正宰相，中书令则颇带君主秘书色彩。至唐太宗时，始将三省职权确定。唐代对三省制的调整，集中表现为四点：第一，使中书舍人参议表章，分押尚书六曹，协助宰相判案。凡军国大事，经舍人初判，中书令、中书侍郎省审，于是中书省正式成为制定政令的政府机构，机衡之任，乃由尚书仆射转移于中书令。第二，使给事中掌封驳之任。"封"指封还诏书而不行，"驳"谓驳正诏书之缺失，于是门下省的审议制度得以建立。第三，整理门下组织，划分侍中与散骑职掌，并置"拾遗、补缺"，以加强门下省的审议作用。第四，加强尚书职权，使能负实际行政责任。从此三省并列，中书省主制定法令，门下省主审议法令，尚书省主执行法令。三省权责分明，凡有军国大事，先由中书舍人各尽所见，经中书侍郎、中书令审议，然后进呈书押。敕旨既下，由中书舍人署行，门下省给事中、黄门侍郎驳正，然后送尚书省执行。由于三省权力的彻底分化，中书与门下省有时不免各持己见，发生公务上的争执。太宗为弥补此一缺点，乃设政事堂于门下省，侍中虽出席议政，给事中仍可封驳。三省制之精神，一方面在谨慎大政之决策，另一方面在使君主与权臣俱不得独断。因此君主欲专断，必先破坏三省制；权臣要弄柄，也必先破坏三省制，这是武后称制与"安史之乱"后专君权臣所以产生的根本原因。

一、完善三省六部制度

要完成一场伟大的治理，没有相应配套行政机构是不行的。唐太宗对中央政府的人事安排以及主要官员的人事调动，是与他对宰相制度的改革、完善三省六部制度同步进行的。魏晋以来形成的三省制度，至隋朝时已经正式确立。"高祖（李渊）发迹太原，官名称位，皆依隋旧。及登极之初，未遑改作，随时署置，务从省便。武德七年定令：以太尉、司徒、司空为三公；尚书、门下、中书、秘书、殿中、内侍为六省。"①

---

① （后晋）刘昫等撰：《旧唐书》卷42《职官志一》，第1783页。

唐太宗对三省制度所实行的适当改革，在于他对三省的职权及其相互制约关系作出了明确的规定，创立了崭新的宰相制度。这种宰相制度，既完善了国家权力机关的职能，又使君权得到了进一步的加强。

隋唐五代的宰相都是由若干人组成的一个班子，他们需要在一起商议参决。宰相们商议参决国事的地方，在隋代未有定名，唐初始有政事堂之称。"自武德以来，常于门下省议事，即以议事之所，谓之政事堂。"①从北朝重门下省和唐初政事堂设在门下省的事实推测隋代宰相们议事之处应亦在门下省。唐初宰相会议的职能在于参议国事，所谓"天下事皆先平章，谓之平章事"。②中央的决策往往是由皇帝自己或御前决策会议中决定。其时中书、门下两省对皇帝的诏令主要起检勘违失和宣行的作用，至唐太宗初年一直如此。其后唐太宗鉴于隋代速亡的教训，认识到君主不责成臣下，事事亲决，"虽复劳神苦形，岂能一一中理"③，于是提出"百司商量，宰相筹画，于事稳便，方可奏行"④的处理国家政事的思想，贞观十一年（公元 637 年）以后，在朝廷决策工作中，把宰相参议朝政改为由宰相议定朝政，然后奏闻，皇帝行使

---

① （清）董诰等编：《全唐文》卷 316 李华《中书政事堂记》，第 3202 页下。

② （后晋）刘昫等撰：《旧唐书》卷 173《李珏传》，第 4505 页。

③ （宋）司马光编：《资治通鉴》卷 193《唐纪九》"乙丑，上问房玄龄、肖瑀曰"条，第 6080 页。

④ （唐）吴兢撰，谢保成集校：《贞观政要集校》卷 1《政体第二》，第 31 页。

批准权。建立起皇帝专制——三省分权——政事堂集议三者相结合的新的中央集权的体制。政事堂集议也就是宰相决策会议，成了御前决策会议之外的另一个高层次的决策会议。此种宰相决策会议既以"议定朝政"为职任，显然与武德年间宰相们在门下省"参议朝政"的情况不同，它可以充分发挥作为皇帝幕僚的集体宰相的作用，并对三省分权制具有协调的功能，克服了前此存在的由于中书省与门下省分掌出令和封驳以致造成各持己见争论不休或者相互依违知非不举的弊端。此时政事堂的地位已明显提高。贞观以后，随着由宰相决策会议议定朝政制度的建立，政事堂由宰相会议之所逐渐向专门的宰相决策机构演变。①

隋文帝建立三省六部制，其目的在于分散宰相的权力，以强化君权。唐太宗继承了这一制度，看到的却是分散决策权力的好处，让不同部门互相监督，从制度上确保君主决策的合理性，避免决策失误，保证了国家重大政策的正确性、持续性与稳定性。同时改变以往的个人施政，成为集体施政，这正是唐太宗政治上的伟大之处。

就中央政体而言，唐代实行三省六部制。自皇帝之下，中书、门下、尚书是中央政务运转的核心。中书省是取旨制定政策的机要部门，中书令是最高长官，下属中书舍人若干，

---

① 参见白钢主编，俞鹿年著：《中国政治制度通史》第五卷《隋唐五代》，第112—113页。

负责进奉章表，草拟诏敕策命，即所谓"中书出诏令"。门下省主管封驳审议，最高长官是侍中，其属官为给事中，负责对中书省所拟定的诏敕提出不同意见，涂改奏还，即所谓"门下掌封驳"。尚书省是执行政令的最高行政机关，在唐代正式确定下属吏、户、礼、兵、刑、工六部，最高长官是尚书令，次为左右仆射。因李世民曾担任过尚书令一职，放之后尚书令不实设，左右仆射便成为尚书省的最高长官，属官为左右丞。三省之中，中书与门下相互制约，关系密切，被唐太宗称为"机要之司"[①]。

唐太宗完善的三省制度，主要还是使三省彼此牵制，互相防止过失错误。在整个朝廷行政的制度设计上，出现两个层次的分权：第一个层次，在朝廷决策方面（宰相集体班子），决策部门（中书、门下省）和政务部门（尚书省）分权。第二个层次，在制定具体政策上，政令部门（尚书省六部）和执行部门（九寺五监）分权。两个层次的分权，目的都是为了确保朝廷政策的公正和科学。[②]

不仅如此，唐太宗又实行对军国大事由中书舍人"各执

①　（宋）司马光编：《资治通鉴》卷193《唐纪九》"夏，四月，乙亥，上皇徙居弘义宫"条，第6064页。

②　韩昇著：《唐太宗治国风云录——盛世是这样治理的》，中国方正出版社2014年版，第104页。

所见，杂署其名"的"五花判事"制度①。这一切，目的在于注意发挥集体的智慧，减少决策上的失误，同时又可以防止个人专断，造成"兆民之深患"②。

唐代不设专职宰相，实行兼领式的集体宰相制。中书令、侍中是当然的宰相，其他官员也可以以加官的名义列宰相之位。初时，凡加"参掌机密""同掌机务""参预政事"之类者，均为宰相，后统一为"同中书门下三品"或"同中书门下平章事"。宰相人数不定，少时二三人，多时十余人。宰相们有集体议事之制，初时在门下省设政事堂，为宰相们议政之所，后移至中书省，径称"中书门下"③。贞观年间，中书、门下、尚书三省的长官，均为宰相。后来为扩大议政人员以集思广益，参加议政的人数不断增多，御史大夫杜淹的"参预朝政"、秘书监魏徵的参预朝政、太子詹事李勣的"同知政事，始谓同中书门下三品"，此外尚有"同中书门下平章事""参知机务"。在贞观年间，凡取得上述"参议得失""参知政事"等一系列职衔者，即或不是三省的长官，也都可以到政事堂参预议政，都是宰相。

---

① （宋）司马光编：《资治通鉴》卷193《唐纪九》"故事：凡军国大事"条，第6064页。

② （宋）司马光编：《资治通鉴》卷192《唐纪八》"上谓黄门侍郎王珪曰"条，第6041页。

③ 参见乔涛主编，齐涛、马新著：《中国政治通史》第五卷《繁盛中转型的隋唐五代政治》，泰山出版社2003年版，第7页。

　　这种新的宰相制度，实行了三省的讨论、封驳、执行相结合的原则，注意发挥集体的智慧，既可以减少决策上的失误，又比较理想地解决了君权与相权的矛盾，避免少数宰相的专断军国大权，是唐太宗在中央官制改革问题上的一大贡献，国家机关的职能因此得到完善和加强。

　　在对三省六部制度进行改革的同时，唐太宗也对三省六部重要官员及时进行调整。

　　贞观元年（公元627年）十二月，萧瑀与陈叔达在唐太宗面前"忿诤，声色甚厉"①，太宗便以此为借口将这两个不称心的大臣免除了宰相的职务；另一个不称心的宰相封德彝，于贞观元年（公元627年）六月病死，由长孙无忌补为尚书右仆射。贞观元年（公元627年）九月，中书令宇文士及被罢为殿中监。贞观二年（公元628年）正月，长孙无忌自动辞去宰相职务。杜如晦检校侍中，李靖检校中书令。十二月，以王珪为守侍中。贞观三年（公元629年）二月，以房玄龄为尚书左仆射，杜如晦为尚书右仆射，李靖为兵部尚书，尚书右丞魏徵守秘书监，参预朝政。贞观四年（公元630年）二月，以御史大夫温彦博为中书令，守侍中王珪为侍中，户部尚书戴胄为以本官检校吏部尚书，参预朝政，太常卿萧瑀为御史大夫，与宰相参议朝政。三月，杜如晦卒。八月，以

---

　　① （后晋）刘昫等撰：《旧唐书》卷63《萧瑀传》，第2401页。

李靖为右仆射。十一月，侯君集为兵部尚书，参议朝政。自房、杜于贞观三年分另担任尚书左、右仆射以来，唐太宗的宰相集团可谓是人才济济。特别是房、杜二人，"皆以命世之才，遭逢明主，谋猷允协，以致升平。议者以比汉之萧、曹，信矣。""盖房知杜之能断大事，杜知房之善建嘉谋，裨谌草创，东里润色，相须而成，俾无悔事，贤达用心，良有以也。若以往哲方之，房则管仲、子产，杜则鲍叔、罕虎矣。"①

历史表明，迨至贞观三四年间，唐太宗对中央政府官制的改革已基本完成，三省六部制度已经完全确立，开始有效地发挥其国家政权中枢的职能；与此同时，唐太宗对他的宰相班子已完成了人员上的调整和充实，实现了新旧时期的过渡，一大批经过实践锻炼、考验和精心选拔的治国人才，进入了新的宰相班子，宰相中的人才之盛，实为历代所罕见。

贞观四年（公元630年）十二月的一次宴会上，众宰相侍宴于唐太宗的身旁。唐太宗面对他选拔上来的宰相们，心情十分高兴，便对身旁的侍中王珪说道："卿识鉴清通，尤善谈论，自房玄龄等，咸宜品藻，又可自量，孰与诸子贤？"王珪答对说："孜孜奉国，知无不为，臣不如玄龄。才兼文武，出将入相，臣不如李靖。敷奏详明，出纳惟允，臣不如温彦博。处繁理剧，众务毕举，臣不如戴胄。以谏诤为心，耻君

---

① （后晋）刘昫等撰，《旧唐书》卷66《房玄龄杜如晦传》后附"史臣曰"，第2472页。

不及于尧、舜，臣不如魏徵。至如激浊扬清，嫉恶好善，臣
于数子，亦有一日之长。"①

王珪对房玄龄、李靖、温彦博、戴胄、魏徵以及他本人
各自长处的评论，可谓精当，因而众人听了他的评论，"太宗
深然其言，群公亦各以为尽己所怀，谓之确论"②。

唐太宗正是凭借着他所完善的三省六部制度，依靠他所
挑选出来的宰相班子，实行了一系列的社会改革，在治理国家
方面取得了显著的成就，中国历史上著名的"贞观之治"，便
是同上述行政机构及其中枢班底的实际有效运作密不可分。

二、实行地方制度改革

中央集权管理体制要求地方集权于中央，建立有利于加
强中央政府对地方控制的地方行政体制。唐太宗对地方行政
体制的改革主要表现在两个方面：一是对地方行政层级进行
调整，二是削弱地方政府的自主权。

首先，为提高政府工作效率，节省财政开支，唐太宗实
行"并省官员"的精减机构措施，在地方政权上沿用了州、
县二级制，收到了明显的成效。

---

① （后晋）刘昫等撰：《旧唐书》卷 70《王珪传》，第 2529 页。
② （后晋）刘昫等撰：《旧唐书》卷 70《王珪传》，第 2529 页。

　　贞观元年（公元627年），太宗对房玄龄等人说："致理之本，惟在于审。量才授职，务省官员。故《书》称：'任官惟贤才'，又云：'官不必备，惟其人。'若得其善者，虽少亦足矣。其不善者，纵多亦奚为？古人亦以官不得其才，比于画地作饼，不可食也。《诗》曰：'谋夫孔多，是用不就。'又孔子曰：'官事不摄，焉得俭？'且'千羊之皮，不如一狐之腋。'此皆载在经典，不能具道。当须更并省官员，使得各当所任，则无为而理矣。卿宜详思此理，量定庶官员位。"房玄龄等人根据唐太宗"并省官员""量定庶官员位"的旨意，"由是所置文武总六百四十三员。太宗从之"①。把中央政府的官员（不包括吏员）限定在六七百人之内，这种精兵简政的举措，对提高中央政府的工作效率确实起到了很大的作用。

　　其次，鉴于魏晋南北朝以及隋王朝州郡设置的失控而造成中央对地方管理难以应付的历史教训，精简地方行政机构和削减官员数量，以加强中央政府对地方的行政管理。东汉顺帝永和五年（公元140年），全国只有郡国一百零六个，魏晋以后郡的数目日益增多。至南北朝末年，北周有五百零八个郡，南陈有一百零九个郡，合计达六百一十七个郡。"隋末丧乱，豪杰并起，拥众据地，自相雄长；唐兴，相帅来归，上皇为之割置州县以宠禄之，由是州县之数，倍于开皇、

---

　　① （唐）吴兢撰，谢保成集校：《贞观政要集校》卷3《论择官第七》，第155页。

大业之间。"①

贞观元年（公元627年），唐太宗根据"山川形便"，将全国分为十道："一曰关内，二曰河南，三曰河东，四曰河北，五曰山南，六曰陇右，七曰淮南，八曰江南，九曰剑南，十曰岭南。"②十个监察区的设置，目的在于加强中央对地方政权的监督，不定时地派观风俗使、黜陟使、巡察使、存抚使到各地"巡省天下"，延问疾苦，"观风俗之得失，察政刑之苛弊"③；考核地方官吏，根据地方官吏政绩的优劣来确定官吏的任免升降，进行赏罚。中央政府对地方政府的控制，也因此而得到进一步的加强。

建立朝集制度，使下情上通。唐代的朝集制度近源于隋，远溯于战国中后期产生的上计制度，其主要内容是朝集使赴京汇报地方工作，并将中央诏令传达于地方，作为施政之准则。唐代正式设置朝集使的时间不晚于太宗贞观五年（公元631年）。《资治通鉴》卷一九三贞观五年正月记载朝集使赵郡王孝恭等人上表奏请封禅之事。④《唐六典》曰："凡天下朝集

---

① （宋）司马光编：《资治通鉴》卷192《唐纪八》"初，隋末丧乱"条，第6033页。

② （宋）司马光编：《资治通鉴》卷192《唐纪八》"初，隋末丧乱"条，第6033页。

③ （宋）王钦若等编：《宋本册府元龟》卷161《帝王部一百六十一·命使一》，第347页上。

④ （宋）司马光编：《资治通鉴》卷193《唐纪九》"癸未，朝集使赵郡王孝恭等上表"条，第6086页。

使，皆令都督、刺史及上佐更为之。"① 又曰："尹、少尹、别驾、长史、司马……岁终则更入奏计。"② 可见，担任朝集使的人是地方长官和上佐官。朝集使每年十月上京汇报工作。朝集使的职责，大而言之，是向中央汇报地方工作。小而言之，则有三项：（1）参与考核地方官吏，因而朝集使又称"考使"。（2）直接向皇帝反映地方治理中的问题。（3）为国家举荐人才。唐太宗建立朝集制度，使地方情况得以反馈到中央，做到下情上通，为中央决策机构提供信息。同时，朝集制度起着维系中央与地方的桥梁作用。

到贞观十四年（公元 640 年）灭高昌后，全国共有州府三百六十个，县一千五百五十七个 ③。地方行政机构和官员的大量精简，不仅减少了国家的行政开支、减轻了民众的负担，也有利于地方政府工作效率的提高。

三、改革完善府兵制度

府兵制度是同均田制度密切相关的一种军事制度。它起源于西魏、北周，兵员主要来源于鲜卑和汉人官吏、富豪子

---

① 唐玄宗御撰，李林甫等注：《唐六典》卷 3《尚书户部》第 79 页。
② 唐玄宗御撰，李林甫等注：《唐六典》卷 30《三府督护州县官吏》第 747 页。
③ （后晋）刘昫等撰：《旧唐书》卷 38《地理志一》，第 1384 页。

弟，兵与农是脱离的。隋开皇十年（公元590年），隋文帝对府兵制度进行改革，废除军户，实行兵农合一、军民同籍，将之发展成为一种寓兵于农的军事制度，实行了均田制与府兵制的完全结合。"武德初，始置军府，以骠骑、车骑两将军府领之"，以关中地区为十二道，后改为十二军，每军设置将、副各一人，以督耕战。武德六年（公元623年），唐高祖"以天下既定，遂废十二军，改骠骑曰统军，车骑曰别将"[①]。由于当时统一天下的战争正在进行，因而征调不时，居无定处，兵农的结合不甚稳定，唐初仍然面临着重建府兵的问题。

贞观十年（公元636年），唐太宗下令对府兵制度实行改革：

> 是岁，更命统军为折冲都尉，别将为果毅都尉。凡十道，置府六百三十四，而关内二百六十一，皆隶诸卫及东宫六率。凡上府兵千二百人，中府千人，下府八百人。三百人为团，团有校尉；五十人为队，队有正；十人为火，火有长。每人兵甲粮装各有数，皆自备，输之库，有征行则给之。年二十为兵，六十而免。其能骑射者为越骑，其余为步兵。每岁季冬，折冲都尉帅其属教战，当给马者官予其直市之。凡当宿卫者番上，兵部以远近给番，远疏、近数，皆一月而更。[②]

---

① （宋）欧阳修、宋祁撰：《新唐书》卷50《兵志》，第1324、1325页。

② （宋）司马光编：《资治通鉴》卷194《唐纪十》"是岁，更命统军为折冲都尉"条，第6124—6125页。

府兵是指军府之兵。唐代的军府分为内府和外府两种，内府包括亲卫府、勋卫二府、翊卫二府，共五府，负责宿卫宫廷，是皇帝的亲兵。外府（唐太宗改称为折冲府）是与内府相对而言的，设于全国各地，其中包括京师所在的关中地区。内府兵和外府兵都由十二卫和东宫六率统率。十二卫是指中央统率府兵的十二个军事机构，东宫六率是指设在东宫的统率府兵的六个机构。东宫六率统率的府兵很少。府兵的职能有三个，即番上、镇戍和征战。番上指定期轮流到京师宿卫，也包括在地方值班这都是府兵最主要的职能。镇戍指镇守战略要地，防止外族入侵和国内叛乱。征战指战时出征。从府兵的来源看，府兵制是唐政权的一种义务征兵制，地方政府负责本地区府兵的征点工作。从府兵的兵役看，府兵制的最大特点是兵农合一，寓兵于农。这种府兵制度是全国设六百三十四个府，其中关中地区占二百六十一府，每府的兵员为一千二百、一千、八百不等，府下设团、队、火各级组织，折冲都尉、果毅都尉是每府府兵的最高正副将领，下属军官为校尉、队正、火长。兵员来自应征农民，年龄在二十岁至六十岁之间，府兵的军粮、兵甲、衣装自备；战马则由国家供给，分骑兵、步兵两种。每年冬季进行军事训练，其余三季务农。除战时应征作战外，平时有宿卫京师（即"番上"）的义务；按距离京师的远近来确定宿卫次数的多少，每次宿卫的时间为一个月。征兵时，根据农户的具体情况，以财富、力强、人口众多之家先充当。代表国家统率各府府兵的是中央任命的各卫、率的大将军、将军和率、副率，每个卫、率分领一定数目的折冲府。折冲府不隶属于州郡，但州郡在点兵、练兵、发兵及军需建置方面有协助的义务。出征作战时并入别一卫代为统率。战事结束后，府兵散归各府。从府兵分布来看，关中地区的府兵则占全国总数的41%，其目的除了拱卫京师外，显然还有"举关中之众，以临四方"①的目的。

府兵制是建立在均田制的基础之上的，它以做官、授勋以及多占田地来吸引地主和农民当兵。这种寓兵于农的府兵制，在检点时"财均者取强，力均者取富，财力又均先取多丁"②，首先从富裕和劳力多的农户中征兵，而且又军粮、兵甲、衣装自备，减轻了国家养兵及粮饷的负担，又有利于由国家直接掌握地方上的军队，从而使府兵制度更加完善，具有一定的优点。③白居易就十分称颂唐太宗的府兵制度。他说："太宗既定天下，以为兵不可去，农不可废，于是当要冲以开府，因隙地以营田。府有常官，田有常业。俾乎时而讲武，岁以劝农。分上下之番，递劳逸之序。故有虞则起为战卒，无事则散为农夫。不待征发，而封域有备矣；不劳馈饷，而军食自充矣。"④《新唐书·兵志》更是盖棺论定：

① （唐）杜佑撰：《通典》卷28《职官十·武官上·将军总叙》，第782页。
② 刘俊文撰：《唐律疏议笺解》卷16《擅兴·拣点卫士征人不平》，第1173页。
③ 参见黄中业著：《唐太宗大传》，中华书局2017年版，第76页。
④ （唐）白居易著，谢思炜校注：《白居易文集校注》卷27《策林三·复府兵置屯田》，中华书局2011年版，第1511页。

古之有天下国家者，其兴亡治乱，未始不以德，而自战国、秦、汉以来，鲜不以兵。夫兵岂非重事哉！然其因时制变，以苟利趋便，至于无所不为，而考其法制，虽可用于一时，而不足施于后世者多矣，惟唐立府兵之制，颇有足称焉。[①]

四、分封的讨论与争议

在分封宗室和功臣的问题上，唐太宗一直未能拿定主意，因而有分封的议论与纷争，前后延续长达十年之久。

贞观二年，唐太宗曾问宰相萧瑀："朕欲使子孙长久，社稷永安，其理如何？"萧瑀回答说："臣观前代国祚所以长久者，莫若封诸侯以为盘石之固。秦并六国，罢侯置守，二代而亡；汉有天下，郡国参建，亦得年余四百；魏、晋废之，不能永久。封建之法，实可遵行。"[②]唐太宗认为萧瑀讲得有道理，想让宗室诸任刺史者，子孙"世世永袭"，甚至想要把长孙无忌、房玄龄、杜如晦、李靖等功臣封为世袭刺史，于是始有分封之议。

在这场长达十余年的争论中，坚决主张实行分封的只有萧瑀一人，唐太宗表示赞成。其他大臣多数表示反对。

---

① （宋）欧阳修、宋祁撰：《新唐书》卷50《兵志》，第1323页。

② （后晋）刘昫等撰：《旧唐书》卷63《萧瑀传》，第2401页。

　　"初，上令群臣议封建。"①

　　魏徵从赋税的征收和抵御外敌的角度，反对分封。他说："若封建诸侯，则卿大夫咸资俸禄，必致厚敛。又，京畿赋税不多，所资畿外，若尽以封国邑，经费顿阙。又，燕、秦、赵、代俱带外夷，若有警急，追兵内地，难以奔赴。"②

　　礼部侍郎李百药则从总结历史经验教训的角度指出了实行分封的要害。他说："运祚修短，定命自天，尧、舜大圣，守之而不能固；汉、魏微贱，拒之而不能却。今使勋戚子孙皆有民有社，易世之后，将骄淫自恣，攻战相残，害民尤深，不若守令之迭居也。"③

　　中书侍郎颜师古则不然，调和二者，主张分封与州县并行。他说："不若分王诸子，勿令过大，间以州县，杂错而居，互相维持，使各守其境，协力同心，足扶京室；为置官寮，皆省司选用，法令之外，不得擅作威刑，朝贡礼仪，具为条式。一定此制，万世无虞。"④

　　魏、李、颜三人的议论，以李百药的主张抓住了分封诸侯

　　①　（宋）司马光编：《资治通鉴》卷193《唐纪九》"初，上令群臣议封建"条，第6089页。

　　②　（宋）司马光编：《资治通鉴》卷193《唐纪九》"初，上令群臣议封建"条，第6089页。

　　③　（宋）司马光编：《资治通鉴》卷193《唐纪九》"初，上令群臣议封建"条，第6089页。

　　④　（宋）司马光编：《资治通鉴》卷193《唐纪九》"初，上令群臣议封建"条，第6089页。

的要害，而颜师古的折中主张，所谓在分封后实行"法令之外，不得擅作威刑"云云，早已被西汉初年的"七国之乱"证明，那不过是无法实现的一句空话而已。然而，唐太宗却没有采纳李百药、魏徵等人的正确意见，于贞观五年（公元631年）十一月下达诏书说："皇家宗室及勋贤之臣，宜令作镇藩部，贻厥子孙，非有大故，毋或黜免，所司明为条例，定等级以闻。"①

贞观十一年（公元637年），"太宗以周封子弟，八百余年，秦罢诸侯，二世而灭，吕后欲危刘氏，终赖宗室获安，封建亲贤，当是子孙长久之道。乃定制，以子弟荆州都督荆王元景、安州都督吴王恪等二十一人，又以功臣司空赵州刺史长孙无忌、尚书左仆射宋州刺史房玄龄等一十四人，并为世袭刺史。"②唐太宗的分封主张再次遭到大臣们的反对。

中书舍人马周上疏说：

> 伏见诏书令宗室勋贤作镇藩部，贻厥子孙，嗣守其政，非有大故，无或黜免。臣窃惟陛下封植之者，诚爱之重之，欲其胤裔承守，与国无疆，可使世官也。何则？以尧、舜之父，犹有朱、均之子，况下此以还，而欲以父取儿，恐失之

---

① （宋）司马光编：《资治通鉴》卷193《唐纪九》"初，上令群臣议封建"条，第6089页。

② （唐）吴兢撰，谢保成集校：《贞观政要集校》卷3《论封建第八》，第174—175页。

远矣。倘有孩童嗣职，万一骄逸，则兆庶被其殃，而国家受其败。政欲绝之也，则子文之理犹在；政欲留之也，而栾黡之恶已彰。与其毒害于见存之百姓，则宁使割恩于已亡之一臣，明矣。然则向所谓爱之者，乃适所以伤之也。臣谓宜赋以茅土，畴其户邑，必有材行，随器方授，则虽其翰翮非强，亦可以获免尤累。昔汉光武不任功臣以吏事，所以终全其世者，良由得其术也。愿陛下深思其宜，使夫得奉大恩，而子孙终其福禄也。

太宗并嘉纳其言。于是竟罢子弟及功臣世袭刺史。[①]

这样，唐太宗分封宗室功臣为世袭刺史的诏令，终因群大臣的反对而收回。长达十年之久的分封之议至此而结束。[②]

---

① （唐）吴兢撰，谢保成集校：《贞观政要集校》卷3《论封建第八》，第179—180页。

② 参见黄中业著：《唐太宗大传》，第77—78页。

第九章　民族团结　和亲政策

　　汉唐向称盛世,汉武帝与唐太宗都是建树民族统一大业的雄英之主,但两人对待四夷的政策却不尽相同。汉武帝主在用兵,偏重威服,而少怀德化,结果是费力多收效小。唐太宗则侧重德化团结政策,深得四夷人心,结果是费力少收效大。唐太宗曾说过:"自古皆贵中华,贱夷、狄,朕独爱之如一,故其种落皆依朕如父母。"他对待少数民族采取"绥之以德""爱之如一"政策,取得了明显的效果。史载,"四夷君长诣阙请上为天可汗,上曰:'我为大唐天子,又下行可汗事乎!'群臣及四夷皆称万岁。是后以玺书赐西北君长,皆称天可汗。""是时四夷大小君长争遣使入献见,道路不绝,每元正朝贺,常数百千人。"在唐太宗生前,各族酋长无不尽其力用;在唐太宗死后,"四夷之人入仕于朝及来朝贡者数百人,闻丧皆恸哭,剪发、劙面、割耳,流血洒地","阿史那社尔、契苾何力请杀身殉葬"。所谓剪发、劙面、割耳都是突厥等少数民族对其酋长死亡时的哀悼丧俗，他们各以本族的丧俗表达对唐太宗的极度哀思，这正是他们把唐太宗当作统一多民族国家最高君主看待的最有力的证据。这种情况，在中国君主时代可以说是绝无仅有的。能够成为各族心悦诚服共主的天可汗，表明了唐太宗民族政策的成功，这正是唐太宗治国理政的出类拔萃之处。

一、德化远人，羁縻府州

在民族问题上，唐太宗推行团结政策。内徙归附的东突厥人与设置羁縻府州，即是唐太宗推行民族团结政策的集中表现。

贞观四年（公元630年），唐军平定东突厥，失败的东突厥表示归附。由于问题过于重大，唐太宗召集群臣讨论如何处置。对于这个重大政治问题，贞观群臣纷纷献言，朝堂争论十分激烈。

请看下列两种史料的记载：

一是《资治通鉴》的记载。

突厥既亡，其部落或北附薛延陀，或西奔西域，其降唐者尚十万口，诏群臣议区处之宜。朝士多言："北狄自古为中国患，今幸而破亡，宜悉徙之河南兖、豫之间，分其种落，散居州县，教之耕织，可以化胡虏为农民，永空塞北之地。"中书侍郎颜师古以为："突厥、铁勒皆上古所不能臣，陛下既得而臣之，请皆置之河北。分立酋长，领其部落，则永永无患矣。"礼部侍郎李百药以为："突厥虽云一国，然其种类区分，各有酋帅。今宜因其离散，各即本部署为君长，不相臣属；纵欲存立阿史那氏，唯可使存其本族而已。国分则弱而易制，势敌则难相吞灭，各自保全，必不能抗衡中国。仍请于定襄置都护府，为其节度，此安边之长策也。"夏州都督窦静以为："戎狄之性，有如禽兽，不可以刑法威，不可以仁义教，况彼首丘之情，未易忘也。置之中国，有损无益，恐一旦变生，犯我王略。莫若因其破亡之余，施以望外之恩，假以王侯之号，妻以宗室之女，分其土地，析其部落，使其权弱势分，易为羁制，可使常为藩臣，永保边塞。"温彦博以为："徙于兖豫之间，则乖违物性，非所以存养之也。请准汉建武故事，置降匈奴于塞下，全其部落，顺其土俗，以实空虚之地，使为中国扞蔽，策之善者也。"魏徵以为："突厥世为寇盗，百姓之仇也；今幸而破亡，陛下以其降附，不忍尽杀，宜纵之使还故土，不可留之中国。夫戎狄人面兽心，弱则请服，强则叛乱，固其常性。今降者众近十万，数年之后，蕃息倍多，必为腹心之疾，不可悔也。晋初诸胡与民杂居中国，郭钦、江统，皆劝武帝驱出塞外以绝乱阶，武帝不从。后二十余年，伊、洛之间，遂为毡裘之域，此前事之明鉴也！"彦博曰："王者之于万物，天覆地载，靡有所遗。今突厥穷来归我，奈何弃之而不受乎！孔子曰：'有教无类。'若救其死亡，授以生业，教之礼义，数年之后，悉为吾民。选其酋长，使入宿卫，畏威怀德，何后患之有！"上卒用彦博策，处突厥降众，东自幽州，西至灵州；分突利故所统之地，置顺、祐、化、长四州都督府；又分颉利之地为六州，左置定襄都督府，右置云中都督府，以统其众。[①]

二是《贞观政要》中的记载。

贞观四年，李靖击突厥颉利，败之，其部落多来归降者。诏议安边之术，中书令温彦博议："请于河南处之，准汉建武时，置降匈奴于五原塞下，全其部落，得为捍蔽，又不离其土俗，因而抚之，一则实空虚之地，二则示无猜之心，故是含育之道也。"太宗从之。秘书监魏徵曰："匈奴自古至今，未有如斯之破败，此是上天剿绝，宗庙神武。且其世寇中国，百姓冤仇，陛下以其为降，不能诛灭，即宜遣还河北，居其旧土。匈奴人面兽心，非我族类，强必寇盗，弱则卑服，不顾恩义，其天性也。秦、汉患之若是，故发猛将以击之，收其河南以为郡县，陛下奈何以内地居之？且今降者几至十万，数年之间，滋息过倍，居我肘腋，甫迩王畿，心腹之疾，将为后患，尤不可处以河南也。"温彦博曰："天子之于物也，天覆地载，有归我者则必养之。今突厥破除，余落归附，陛下不加怜悯，弃而不纳，非天地之道，阻四夷之意，臣愚甚谓不可。处之河南，所谓死而生之，亡而存

---

① 《(宋)司马光编:《资治通鉴》卷193《唐纪九》"突厥颉利可汗至长安"条，第6075—6077页。

之，怀我厚恩，终无叛逆。"魏徵又曰："晋代有魏时胡落分居近郡，郭钦、江统劝逐出塞外，武帝不用其言，数年之后，遂倾瀍、洛。前代覆车，殷鉴不远。陛下必用彦博言遣居河南，所谓养兽自遗患也。"彦博又曰："臣闻圣人之道，无所不通。突厥余魂，以命归我，收居内地，教以礼法，选其酋首，遣居宿卫，畏威怀德，何患之有？且光武居南单于内郡，以为汉藩翰，终于一代，不有叛逆。"太宗竟从其议，自幽州至灵州，置顺、祐、化、长四州都督府以处之，其人居长安者近且万家。①

另据《旧唐书》的记载，凉州都督李大亮亦曾经上疏唐太宗，反对朝廷优待突厥的民族政策。其疏曰：

臣闻欲绥远者，必先安近。中国百姓，天下本根；四夷之人，犹于枝叶。扰其根本，以厚枝附，而求久安，未之有也。自古明王，化中国以信，驭夷狄以权。故《春秋》云："戎狄豺狼，不可厌也；诸夏亲昵，不可弃也。"自陛下君临区宇，深根固本，人逸兵强，九州殷富，四夷自服。今者招致突厥，虽入提封，臣愚稍觉劳费，未悟其有益也。然河西氓庶，积御蕃夷，州县萧条，户口鲜少，加因隋乱，减耗尤多。突厥未平之前，尚不安业；匈奴微弱以来，始就农亩。若即劳役，恐致妨损。以臣愚惑，请停招慰。

① （唐）吴兢撰，谢保成集校：《贞观政要集校》卷9《议安边第三十六》，第498—499页。

且谓之荒服者，故臣而不内。是以周室爱人攘狄，竟延七百之龄；秦王轻战事胡，四十载而逐绝。汉文养兵静守，天下安丰；孝武扬威远略，海内虚耗，虽悔轮台，追已不及。至于隋室，早得伊吾，兼统鄯善，既得之后，劳费日甚，虚内致外，竟损无益。远寻秦、汉，近观隋室，动静安危，昭然备矣。伊吾虽已臣附，远在蕃碛，人非中夏，地多沙卤。其自竖立称藩附庸者，请羁縻受之，使居塞外，必畏威怀德，永为蕃臣，盖行虚惠，而收实福矣。近日突厥倾国入朝，既不能俘之于江淮以变其俗，置于内地，去京不远，虽则宽仁之义，亦非久安之计也。每见一人初降，赐物五匹、袍一领。酋长悉授大官，禄厚位尊，理多靡费。以中国之币帛，供积恶之凶虏，其众益多，非中国之利也。[①]

从上述几种史料的记载来看，在对待突厥的处置问题上，朝野群臣众说纷纭，主张不一。

（1）多数朝臣建议采取"分其种落"，迁徙河南，散居州县，与汉民杂居，教之耕织，"化胡虏为农民，永空塞北之地"。这是一种"化胡为汉"的民族政策，具体做法是将原来已趋统一的突厥部众，拆散为各个互不统属的团体，迁徙内地州县，使其失去游牧的自然地理条件，化牧为农，改变其生产方式与生活方式。但这种不顾突厥民族的生产特点与生活习惯强制同化的做法，显然不利于民族的团结。

---

① （后晋）刘昫等撰：《旧唐书》卷62《李大亮传》，第2388—2389页。

（2）也有朝臣如窦静等人提出了"假之王侯之号，妻以宗室之女"，让其"常为藩臣，永保边塞"的主张。这种主张仍把突厥排斥在华夏族之外，而且以"藩属国"待之，更是不妥。

（3）中书令温彦博则主张仿照"汉建武故事，置降匈奴于塞下"，把他们安置在河南一带的朔方之地，"全其部落，得为捍蔽，又不离其土俗，因而抚之，一则实空虚之地，二则示无猜之心，故是含育之道也"的建言。这是一种融合各族于一家的富有远见的民族政策。

（4）秘书监魏徵激烈反对温彦博提出的将突厥人内徙河南的主张，举出晋初迁徙少数民族于中原，导致永嘉之乱的历史教训，提醒唐太宗注意前车可鉴，不要"养兽自遗患"。魏徵的主张是典型的"华夷之辩"，将突厥排除在华夏之外，不相信汉、胡能够同心。除了魏徵，凉州都督李大亮也是坚持同样的主张，"以为于事无益，徒费中国"[1]，并且上疏力言反对朝廷的"宽仁之义"。

（5）唐太宗面对众说纷纭的献策以及魏、温激烈的争辩，权衡利弊、择善而从，能够最终采纳了温彦博的"全其部落""不离其土俗""教以礼法，选其酋首，遣居宿卫，畏威怀德"正确的民族团结政策与安边主张。

---

① （唐）杜佑撰：《通典》卷197《边防十三·北狄四·突厥上》，第5413页。

　　唐太宗的这种富有远见充满高度政治智慧的民族政策得到了边疆地区少数民族的热烈支持与响应。"自突厥颉利破后，诸部落首领来降者，皆拜将军、中郎将，布列朝廷，五品已上百余人，殆与朝士相半。唯拓拔不至，又遣招慰之，使者相望于道。"[①]唐太宗采纳温彦博的主张后，随之约有十万户突厥族迁入中原，其中一万家定居在长安。唐太宗挑选部分代表人物担任京官武职，任职五品以上的将军、中郎将约有一百多人，差不多占了朝廷武官的半数。这个羁縻突厥族上层人物的措施，实质上是对突厥族执行团结政策的具体表现，产生了良好的效果与深刻的政治影响。史载，"四夷君长诣阙请上为天可汗，上曰：'我为大唐天子，又下行可汗事乎！'群臣及四夷皆称万岁。是后以玺书赐西北君长，皆称天可汗。"[②]"是时四夷大小君长争遣使入献见，道路不绝，每元正朝贺，常数百千人。"[③]这种情况，在中国君主时代可以说是绝无仅有的。能够成为各族共主的天可汗，表明了唐太宗民族政策的成功。

　　唐初，在边疆地区管理上，唐太宗依汉代西域都护之例，

---

　　① （唐）吴兢撰，谢保成集校：《贞观政要集校》卷9《议安边第三十六》，第503页。

　　② （宋）司马光编：《资治通鉴》卷193《唐纪九》"三月，戊辰，以突厥夹毕特勒阿史那思摩为右武侯大将军"条，第6073页。

　　③ （宋）司马光编：《资治通鉴》卷198《唐纪十四》"结骨自古未通中国"条，第6253页。

设安西、燕然等都护符，协调与少数民族的关系，管理各归附少数民族。同时，还在周边少数民族地区设置了一种带自治性质的地方行政机构，称羁縻府州。羁縻府州皆以各地少数民族首领充任刺史或都督，并允许其世袭其职。《新唐书·地理志》说："唐兴，初未暇于四夷，自太宗平突厥，西北诸蕃及蛮夷稍稍内属，即其部落列置州县。其大者为都督府，以其首领为都督、刺史，皆得世袭。"① 这就是羁縻府州。东突厥归附之后，除了部分迁居内地，余部仍居原处。唐太宗在其原地设置羁縻府州，如前面提到的在突利辖区的东起幽州西至灵州一带，设置顺、祐、化、长四州都督府；以颉利过去辖区置为六州，又以定襄、云中两都督府统辖六州。在行政管辖方面，任命本族首领为都督或刺史，统率原来部众。唐太宗如此礼遇少数民族首领，自然收到了明显效果，如贞观四年（公元630年）八月戊午，突厥欲谷设自动归附就是典型一例："欲谷设，突利之弟也。颉利败，欲谷设奔高昌，闻突利为唐所礼，遂来降。"②

贞观后期，回纥等族目睹唐太宗羁縻府州政策的成功执行，不胜羡慕之至，纷纷请求："生荒陋地，归身圣化，天至

---

① （宋）欧阳修、宋祁撰：《新唐书》卷43下《地理志七下》，第1119页。

② （宋）司马光编·《资治通鉴》卷193《唐纪九》"戊午，突厥欲谷设来降"条，第6082页。

尊赐官爵，与为百姓，依唐若父母然。"①在条件成熟的情况下，唐太宗从突厥族设置羁縻府州取得成功经验后，又将之推广到其他少教民族部落。在贞观年间，对所谓"西南蛮""西戎""北狄"数以百计的种族，均与回纥一样"置州府以安之，以名爵玉帛以恩之"，"以威惠羁縻之"②。

贞观二十一年（公元 647 年）正月，唐太宗为铁勒诸部置六府七州，府置都督，州置刺史，府州皆置长史、司马已下官主之。又于故单于台置燕然都护府，统隶瀚海、燕然、金微、幽陵、龟林、卢山六府及皋兰、高阙、鸡田、榆溪、鸡鹿、蹛林、寘颜七州，对漠北地区行使主权。同时，唐太宗允许诸酋长的要求，在回纥以南、突厥以北开辟一条驿道，称"参天可汗道"，沿途设置六十八个驿站，于是北荒悉平。③

贞观二十二年（公元 648 年）十一月，唐太宗又因北狄的契丹酋长窟哥、奚酋长可度者的率部内附，遂"以契丹部为松漠府，以窟哥为都督；又以其别帅达稽等部为峭落等九州，各以其辱纥主为刺史。以奚部为饶乐府，以可度者为都督；又以其别帅阿会等部为弱水等五州，亦各以其辱纥主为刺史"④。这样，唐王朝对东北地区也行使了国家主权。

---

① （宋）欧阳修、宋祁撰：《新唐书》卷 217 上《回鹘传上》，第 6113 页。

② （后晋）刘昫等撰：《旧唐书》卷 195《回纥传》附"史臣曰"，第 5216 页。

③ （后晋）刘昫等撰：《旧唐书》卷 195《回纥传》，第 5196 页。

④ （宋）司马光编：《资治通鉴》卷 199《唐纪十五》"十一月，庚子，契丹帅窟哥、奚帅可度者并帅所部内属"条，第 6263 页。

由此可见，经过唐太宗统一西北、东北边疆，在边疆地区设置羁縻府州等举措，一个疆域辽阔、统一的多民族国家已经基本巩固下来。"临统四夷，自此始也。"① 唐太宗在《遗诏》里说在他的治理下，边疆地区"前王不辟之土，悉请衣冠；前史不载之乡，并为州县"②，这并非是夸饰之语。

贞观二十二年（公元 648 年），唐太宗目睹四夷君长争相入朝的盛况，喜谓大臣曰："汉武帝穷兵三十余年，疲弊中国，所获无几；岂如今日绥之以德，使穷发之地尽为编户乎！"③

汉唐向称盛世，汉武帝与唐太宗都是炎黄子孙建树统一大业的英武雄主，但两人对待四夷的统治之术却不尽相同。汉武帝主在用兵，偏重威服，而少怀德化，结果是费力多而收效小。唐太宗鉴于汉武帝的治术之失，转而侧重德化感召政策，遂深得四夷人心，结果是事半功倍，费力少却收效大。

唐太宗的对待少数民族的"绥之以德""爱之如一"政策，使各族酋长心悦诚服，在唐太宗生前，他们无不尽其力用；在唐太宗死后，个个失声如丧考妣，以致出现了如下的感人景象："四夷之人入仕于朝及来朝贡者数百人，闻丧皆恸

---

① （唐）杜佑撰：《通典》卷 200《边防十六·北狄上》，第 5494 页。

② （宋）宋敏求编：《唐大诏令集》卷 11《帝王·遗诏上·太宗遗诏》，第 67 页。

③ （宋）司马光编：《资治通鉴》卷 198《唐纪十四》"是叭四夷大小君长争遣使入献见"条，第 6253 页。

哭，剪发、劙面、割耳，流血洒地"[①]，"阿史那社尔、契苾何力请杀身殉葬"[②]。所谓剪发、劙面、割耳都是突厥等少数民族对其酋长死亡时的哀悼丧俗，他们各以本族的丧俗表达对唐太宗的哀思，这正是他们把唐太宗这个"天可汗"当作统一多民族国家的最高君主看待的最有力的证据。

二、尊重习俗，和亲吐蕃

唐王朝是疆域空前辽阔的国家，贞观十四年（公元 640 年）灭高昌后的版图是："东极于海，西至焉耆，南尽林邑，北抵大漠，皆为州县，凡东西九千五百一十里，南北一万九百一十八里。"[③] 在这片广袤的国土上形成了一个统一多民族的国家，唐太宗是这个统一多民族国家的奠基者，他在各族中享有崇高的声望，被尊为"天至尊""天可汗"，成为境内各族的共主。所以如此，这同唐太宗推行的团结、德化、和亲等开明的民族政策是分不开的。

---

① （宋）司马光编：《资治通鉴》卷 199《唐纪十五》"上苦利增剧，太子昼夜不离侧"条，第 6268 页。

② （宋）司马光编：《资治通鉴》卷 199《唐纪十五》"庚寅，葬文皇帝于昭陵"条，第 6269 页。

③ （宋）司马光编：《资治通鉴》卷 195《唐纪十一》"高昌王文泰闻唐兵起"条，第 6156 页。

唐太宗尊重少数民族的风俗习惯。

贞观二十一年（公元 647 年），唐太宗回顾贞观以来的文治武功，在翠微宫的正殿问他的侍臣："自古帝王虽平定中夏，不能服戎、狄。朕才不逮古人而成功过之，自不谕其故，诸公各率意以实言之。"

群臣回答说："陛下功德如天地，万物不得而名言。"

唐太宗对大臣们这种答案不以为然。他说："朕所以能及此者，止由五事耳。自古帝王多疾胜己者，朕见人之善，若己有之。人之行能，不能兼备，朕常弃其所短，取其所长。人主往往进贤则欲置诸怀，退不肖则欲推诸壑，朕见贤者则敬之，不肖者则怜之，贤不肖各得其所。人主多恶正直，阴诛显戮，无代无之，朕践祚以来，正直之士，比肩于朝，未尝黜责一人。自古皆贵中华，贱夷、狄，朕独爱之如一，故其种落皆依朕如父母。此五者，朕所以成今日之功也。"①

唐太宗对自古以来都是贵中华而贱夷狄的民族政策显然持否定的态度；他所说的"朕独爱之如一"，表明他的民族观念和民族政策是主张各民族一视同仁，反对华夏民族对其他少数民族的歧视和奴役的。贞观年间的大量事实表明，唐太宗对华夏百姓与四夷种族部落，大体上做到了"爱之如一"，实现了各民族一律平等的政策。

---

① （宋）司马光编.《资治通鉴》卷 198《唐纪十四》"庚辰，上御翠微殿"条，第 6247 页。

事实上，在对四夷关系上，无论是东突厥、薛延陀、吐蕃或是西域各族，唐太宗都一律尊重他们的生活方式和风俗习惯，大多以原来酋长任都督等各级官职，同各民族建立友好的政治、经济、文化关系，其中包括将皇室的女子嫁给其他民族的首领，等等。

贞观八年（公元634年）正月，东突厥颉利可汗去世，唐太宗"命国人从其俗，焚尸葬之"①。在番、汉通婚问题上，唐太宗采取了开明的鼓励政策，对汉族与突厥族的通婚不加禁止，出现了长安坊市番、汉杂居，和睦相处的友好关系。各民族生活方式、风俗习惯也互相影响，甚至"胡着汉帽，汉着胡帽"②。在这种共同的生活中，不仅突厥人模仿华风，而且汉人也爱好突厥服饰与歌舞，影响所及甚至传入宫廷。太子承乾就是一个喜与突厥人交往，倾心于突厥衣着与习俗的典型人物。早在贞观七年（公元633年）十二月戊午，唐太宗陪同太上皇李渊欢宴三品以上大臣时，李渊曾命突厥颉利可汗起舞，南蛮酋长冯智戴咏诗，面对贞观盛世的民族和好景象，他不禁由衷赞美说："胡、越一家，自古未有也！"③贞观二十一年（公元647年）唐太宗说："朕于戎、狄所以

---

①　（宋）司马光编：《资治通鉴》卷194《唐纪十》"春，正月，癸未，突厥颉利可汗卒"条，第6105页。

②　（唐）刘肃撰：《大唐新语》卷9《从善二十》，中华书局1984年版，第138页。

③　（宋）司马光编：《资治通鉴》卷194《唐纪十》"十二月，甲寅，上幸芙蓉园"条，第6103—6104页。

能取古人所不能取，臣古人所不能臣者，皆顺众人之所欲故也。"① 所谓"顺众人之所欲"，主要就是能够尊重各民族风俗习惯，因俗治理而已。

对于边疆民族首领，唐太宗实行团结的和亲政策。

在中国历史上，和亲政策由来已久，一般是在中原王朝国势衰微的情况下对周边少数民族采取的一种政治行为，如汉初匈奴强大，汉高帝、惠帝、文帝、景帝就通过和亲政策来争取北方边境的安宁。过去史家往往将和亲视为中原王朝对边疆少数民族政权屈辱、妥协的代称。然而，唐初的和亲政策却与传统的和亲政策不同，它是在国势昌盛的贞观盛世时期主动主张、大力贯彻的。因此，它不是屈辱、妥协的象征，而是唐太宗开明民族政策的表现。

唐太宗认为，治理边疆地区，应当采取和亲政策。他曾说："朕熟思之，惟有二策：选徒十万，击而虏之，涤除凶丑，百年无事，此一策也；若遂其来请，与之为婚媾，朕为苍生父母，苟可利之，岂惜一女！北狄风俗，多由内政，亦既生子，则我外孙，不侵中国，断可知矣。以此而言，边境足得三十年来无事。"② 这种从边疆安宁出发，代表国家利益

---

① （宋）司马光编：《资治通鉴》卷198《唐纪十四》"辛卯，上曰朕于戎、狄所以能取古人所不能取"条，第6246页。

② （唐）吴兢撰，谢保成集校：《贞观政要集校》卷9《议征伐第三十五》，第478—479页。

的和亲政策无可非议。

贞观年间，唐太宗的和亲政策收到了良好的效果。四夷君主为了求得与大唐宗室联姻，多次遣使来朝，厚加聘金。各族君主都以和亲为荣，表示效力唐廷。唐太宗也不负众望，频频下嫁公主与宗女。如贞观十年（公元636年），东突厥处罗可汗的次子阿史那社尔率部内附，太宗妻以皇妹衡阳长公主，委以重要军职。贞观十三年（公元639年），吐谷浑可汗诺曷钵入朝请婚，太宗妻以弘化公主。贞观十四年（公元640年），吐蕃松赞干布命大相禄东赞为专使，遣唐求婚，以金五千两，其余宝玩数百件作为聘礼，唐太宗许以宗室女文成公主为妻。贞观十五年（公元641年）正月，唐太宗封禄东赞为右卫大将军，并配婚琅邪公主外孙女段氏。唐太宗还应允西突厥乙毗射匮可汗及薛延陀真珠毗伽可汗等的请婚要求。此外，内附供职的所谓"蕃将"与唐室联姻的有：突厥族的执失思力尚九江公主，铁勒族的契苾何力娶临洮县主，突厥族的阿史那忠尚宗女定襄县主，等等。[1]

贞观朝有为数众多的和亲与联姻，其中影响最为深远的当属唐与吐蕃和亲。

吐蕃是古代藏族在青藏高原所建立的王朝名，在唐初已建立了国家。赞普松赞干布作为藏族历史上的杰出人物，统

---

[1] 参见赵克尧、许道勋著：《唐太宗传》，第259—260页。

一了整个青藏高原，定都于逻些（今拉萨市），为藏族社会历史的发展作出了重大的贡献。吐蕃的祖先是羌族，居于今青海省，与汉族早就有密切的往来。松赞干布与唐太宗彼此早就相互有所了解。当松赞干布统一西藏、局面基本上安定下来后，贞观八年（公元634年），松赞干布派使者入贡唐朝，十二年（公元638年），又派使者奉表求与唐宗室女结为婚姻。贞观十四年（公元640年），吐蕃使者向大唐朝献黄金五千两及其他珍宝，再次向唐皇室求婚，唐太宗答应将文成公主嫁给松赞干布。

贞观十五年（公元641年）正月丁丑日，唐太宗命礼部尚书、江夏王李道宗（唐太宗族弟）持节护送文成公主进入吐蕃与松赞干布成婚。为安排文成公主入藏，唐太宗在吐谷浑边境建筑行馆，让公主及随从人员在行馆休整一段时间，以适应高原地区的气候和生活习惯。同时，还为文成公主备置了丰盛的嫁奁。除了金银、绸帛、珍宝外，文成公主进藏时还带去蔬菜种子、农业技术、手工业制品、药物以及很多书籍，又带去了大批工匠和乐队。随着文成公主的入藏成婚，汉民族的农耕、纺织、酿酒、制陶、冶金、建筑、造纸、制笔、制墨等技术逐渐在西藏传播开来，对西藏地区经济文化的发展起了很大的推动作用。

松赞干布"率兵次柏海亲迎，见道宗，执婿礼恭甚，见中国服饰之美，缩缩愧沮。归国，自以其先未有昏帝女者，乃为公主筑一城以夸后世，遂立宫室以居。公主恶国人赭面，弄赞下令国中禁之。自褫毡罽，袭纨绡，为华风。遣诸豪子弟入国学，习《诗》《书》。又请儒者典书疏"①。

文成公主作为汉族人民的友好使者，从贞观十五年（公元641年）入藏，到唐高宗永隆元年（公元680年）逝世，在西藏生活了四十年，她始终不渝地贯彻了唐太宗团结开明的民族政策，促进了唐、蕃间经济、文化交流。

历史表明，唐太宗和亲吐蕃，奠定了唐、蕃友好关系的基石，文成公主入藏，促进了唐、蕃的友好关系。终太宗之世，吐蕃一直追随唐王朝的外交政策。如贞观二十年（公元646年），松赞干布遣大相禄东赞朝贺，奉表称婿，献金鹅一只，制作精巧，高达七尺，中可盛酒三斛。②贞观二十二年（公元648年），右卫率府长史王玄策出使天竺，天竺诸国都遣使奉送贡品，但为中天竺所掠，王玄策被打败，逃到吐蕃境内请求军事援助。松赞干布发精兵一千二百人，归王玄策指挥，一举击败中天竺军，喜讯传来，松赞干布"遣使来献捷"。贞观二十三年（公元649年），唐太宗病逝，松赞干布极为哀伤，遣使吊祭，"献金银珠宝十五种，请置太宗灵座之前"，还致书长孙无忌，表示效忠初嗣位的高宗："天子初即位，若臣下有不忠之心者，当勒兵以赴国除讨。"③唐高宗

---

① （宋）欧阳修、宋祁撰：《新唐书》卷216上《吐蕃传上》，第6074页。

② （宋）王钦若等编：《宋本册府元龟》卷970《外臣部十五·朝贡三》，第3845页下。

③ （后晋）刘昫等撰：《旧唐书》卷196上《吐蕃传上》，第5222页。

时，晋封松赞干布为驸马都尉、西海郡王，后又改封賨王，赐各色绢帛三千段。永徽元年（公元 650 年），松赞干布病逝，高宗为他举哀，派遣右武侯将军鲜于巨济持高宗玺书前往拉萨吊祭。唐高宗永隆元年（公元 680 年），文成公主病逝，藏族人民举行了隆重的祭奠仪式。为了表示对她开拓唐、蕃友好关系的敬意，先在大昭寺、后又在布达拉宫供奉着她的塑像，还择定文成公主入拉萨的藏历四月十五日，作为纪念日。这都成为唐太宗和亲政策成功的标志。①

---

① 参见赵克尧、许道勋著：《唐太宗传》，第 263—264 页。

结　语　唐太宗治国论

　　唐太宗李世民是继汉武帝刘彻之后中国历史上又一位杰出的政治家，也是中国历史上少有的一位能够将个人权力欲望与国家治理实现高度结合的伟大人物。他在位期间，重视以史为鉴，懂得以民为本，重视制度建设，致力发展经济，推行民族团结政策，与各民族共同实现繁荣与发展。他的一些政治理念与施政作为超过了前人，在中国政治史上留下了浓墨重彩的一笔，值得我们认真借鉴与总结。

一、以古鉴今

　　唐太宗是认真总结历代治国经验教训用于治国实践的皇帝楷模。

　　从史学功能来看，历史的真正作用并不仅仅在于它的宣传功能，而在于它对前代文化的继承与总结基础上所具有浓厚的史鉴意识以及在前人得失成败基础上所具有的新的开创精神。

历史是社会和人生的重要参照。以史为鉴是中国传统史学的核心价值目标。鉴往所以训今。"夏、商之衰，不鉴于禹、汤也。周、秦之弊，不鉴于群下也。"①

唐太宗是中国历史上十分重视以史为鉴的传统帝王之一。他一生以探求国家治乱之源，造福生民之计为怀，喜欢读史、议史、用史，从中汲取历史经验教训，尽量做到古为今用。继位之初，唐太宗考虑到自己是第二代国君，特别重视秦、隋两朝"二世而亡"的教训，尤其是隋朝杨坚、杨广父子治国理政的经验教训。为"鉴前代败事"②，他特意选用"学业优长，兼识政体"③的文职官员，引置左右，常与之谈论经史，总结历史上的经验教训。贞观年间，唐太宗君臣重视史书编纂，以史辅治，在具体施政的过程中，他们以汉文帝为师，以秦、隋为诫，辨两晋之得失，考前朝之兴亡，无不是将国家治理建立在对历史经验教训的总结与古为今用的基础上面。贞观君臣采取四种方式来发挥历史文化在治国理政中的功能：（1）以古颂今；（2）以古喻今；（3）以古讽今；

---

① （东汉）荀悦撰，（明）黄省曾注，孙启治校补：《申鉴注校补》卷4《杂言上》，中华书局2012年版，第141页。

② （唐）吴兢撰，谢保成集校：《贞观政要集校》卷6《杜谗佞第二十三》，第348页。

③ （唐）吴兢撰，谢保成集校：《贞观政要集校》卷1《政体第二》，第29页。

（4）以古鉴今。在历代帝王中，唐太宗是很突出的一个。

二、尊儒崇经

唐太宗诸般治国举措的理论基础，即是中国传统的以民本主义、德治主义为核心的儒家政治学说。

自汉武帝以来，"儒术"作为传统君主治理国家的意识形态，历代有为的帝王君主无不悉心倡导，唐太宗自然也不会例外。武德二年（公元619年），唐高祖李渊令国子学立周公、孔子庙各一所，四时致祭，博求其后。武德七年（公元624年），以周公为先圣，孔子配享。武德九年（公元626年），唐太宗封孔子的后代为褒圣侯。乱世用商韩，治世行周孔，治天下要靠儒家的"王道"，这是贞观君臣的共同结论。唐太宗"以德行、学识为本"[①]，认为"唯尧、舜、周、孔之道，以为如鸟有翼，如鱼有水，失之则死，不可暂无耳。"[②]正是在这样的指导思想下，贞观君臣迈开了用儒术治国的步伐。贞观四年（公元630年），唐太宗诏令校刊《五经定本》，贞观七年（公元633年）颁行全国，供士子学习考试之用。贞

---

① （唐）吴兢撰，谢保成集校：《贞观政要集校》卷7《崇儒学第二十七》，第383页。

② （宋）司马光编：《资治通鉴》卷192《唐纪八》"上曰，梁武帝君臣惟谈苦空"条，第6054页。

观二年（公元 628 年），唐太宗"立孔子庙堂于国学"①。贞观四年（公元 630 年），"以儒学多门，章句繁杂，诏师古与国子祭酒孔颖达等诸儒，撰定五经疏义，凡一百八十卷，名曰《五经正义》，付国学施行。"②贞观二十一年（公元 647年）唐太宗又下诏令："左丘明、卜子夏、公羊高、榖梁赤、伏胜、高堂生、戴圣、毛苌、孔安国、刘向、郑众、杜子春、马融、卢植、郑玄、服虔、何休、王肃、王弼、杜元凯、范宁等二十一人，并用其书，垂于国胄。既行其道，理合褒崇。自今有事太学，可与颜子俱配享孔子庙堂。"③唐太宗用"儒术"治国，"建礼作乐"④，"以文德绥海内"⑤，这反映出了儒家学说对贞观之治的必要性。

三、发展经济

贞观君臣深谙发展经济对巩固新生政权的重要性，在恤民情、惜民力、舒民困、恢复发展经济等方面皆有很大成就。

---

① （后晋）刘昫等撰：《旧唐书》卷 189《儒学传序》，第 4941 页。

② （唐）吴兢撰，谢保成集校：《贞观政要集校》卷 7《崇儒学第二十七》，第 384 页。

③ （后晋）刘昫等撰：《旧唐书》卷 189《儒学传序》，第 4942 页。

④ （后晋）刘昫等撰：《旧唐书》卷 189 上《儒学上·萧德言传》，第 4953 页。

⑤ （后晋）刘昫等撰：《旧唐书》卷 28《音乐志一》，第 1045 页。

　　为了恢复与发展经济，唐朝在继承隋王朝土地制度与租庸调制的基础上，实施了均田新法令与赋税新法令。贞观君臣总结隋朝败亡的历史教训时，深感隋炀帝横征暴敛、不恤民力是导致隋亡的重要原因，因而唐太宗在大力推行均田制的同时，以隋亡为殷鉴，注意调整统治策略，采取轻徭薄赋、与民休息、不夺农时的政策。从隋炀帝时的竭泽而渔发展到唐太宗时的轻徭薄赋，不能不说是地主阶级政权赋敛政策所发生的巨大变化。

　　唐初恢复农业生产的最大困难之一，是劳动力的严重不足。隋代极盛时全国户数近九百万，而贞观初户口不满三百万。为了尽快增加户口，繁殖人口，唐太宗采取了两项有效的政策和措施，即招徕、赎还隋唐之际没入沿边各少数民族的汉人和被掠去的汉人；奖励男女及时嫁娶，提倡鳏寡婚配，以达到繁殖人口的目的。[①]

　　在经济、财政方面，唐太宗还采取了一些具体措施，进行过一些改革。设立义仓，赈济灾民，是唐太宗于贞观二年（公元 628 年）在戴胄建议下对储粮制度的一种改革。制度规定：王公以下所占土地，每年每亩纳粟二升，贮于州县义仓，"以备凶年"。从此"每有饥馑则开仓赈给"[②]，收到了

　　① 参见漆侠主编：《中国改革史》，河北教育出版社 1997 年版，第 223 页。
　　② （后晋）刘昫等撰：《旧唐书》卷 49《食货志下》，第 2123 页。

"仓储衍溢，亿兆赖焉"[1] 的显著效果。

四、完善政体

　　皇权与相权的矛盾历来是中国传统专制社会中一对天然的矛盾统一体，从秦始皇到隋炀帝，历代能够处理好的君主并不多见。唐太宗即位后，对三省制度实行适当的改革，对三省的职权及其相互制约关系作出了明确规定，创立了崭新的宰相制度，这种宰相制度，既完善了国家权力机关的正常职能，又使君权得到了进一步的加强。

　　三省六部制是隋朝确立的中央行政机构。唐高祖时，三省中的尚书省仍为最高行政机关，其长官是尚书令及左、右仆射。后因李世民在高祖时做过尚书令，臣下避居其位，左、右仆射就成为实际最高长官。这是唐初中枢机构的一个重要变化。尚书省下设六部：吏部、户部、礼部、兵部、刑部和工部。中书省为最高决策部门，最高长官为中书令。其下有中书舍人若干员，负责进奉章表，草拟诏敕策命。门下省是最高议事部门，最高长官是侍中，属官给事中专司驳正违失，可对中书省拟定的诏敕提出不同意见，涂窜奏还，称"涂归"。

　　唐太宗即位后，鉴于隋文帝独断专行，朝政多有失误，对

---

① （宋）王钦若等编：《册府元龟》卷502《邦计部二十·常平》，第6020页下。

上述三省制进行适当的改革，为唐朝的宰相制度奠定了基础。

起初，三省的最高长官均为宰相，但由于尚书省主要负责执行政令，制定政策的"机要之司"遂逐渐专之于中书、门下二省。而中书、门下二省的长官人数又十分有限，议政时人数不多，为了扩大议政人员以收集思广益之效，并使相权分散而不集于少数几个人身上，唐太宗下令吸收一些品位不高的官员以"同中书门下三品"、"同中书门下平章事"和"参豫朝政"、"参知政事"、"参议得失"等名义参与朝政。他们虽不是三省的最高长官，但是凡加上述头衔者均视为宰相，并参与军国大事的讨论。同时，在武德政体基础上进一步完善了宰相集体议政的常设机构"政事堂"。政事堂制度，有裨于集思广益，广开言路以及避免宰相独断专行，威胁皇权，从而缓解了相权与皇权之间的矛盾。①

五、健全法制

经过隋末农民战争的沉重打击，摆在唐初统治者面前的最重要任务是迅速完成拨乱反正的使命，而能否根据形势变化修订律令、调整法律制度，以此重建国家政治和社会秩序，巩固新兴王朝的统治，这是摆在唐初君臣面前十分严峻的一

---

① 参见漆侠主编：《中国改革史》，第 211 页。

项政治任务，更是对唐初统治者执政能力的一种考验。

武德元年（公元618年），鉴于隋炀帝的烦法酷刑所造成的严重后果，唐高祖李渊宣布废除隋《大业律》，同时重新修订法律制度。武德七年（公元624年），宽简易知的新法令《武德律》正式颁行。唐太宗即位后，在《武德律》的基础上进一步完善法律制度，贞观十一年（公元637年）正月，《贞观律》在全国颁发执行。《贞观律》有十二篇、五百零二条。此外还编定《贞观令》三十卷、《贞观格》十八卷。形成于唐太宗时期的大唐律，条目简明，内容完备，涉及到封建国家政治、经济、军事、文化及婚姻家庭等各个方面，是一部综合性的封建大法。它在中国古代法制史上起着承前启后的作用，不仅通行于有唐一代，而且对后世也产生了深远影响，为宋元明清各代修律所沿袭和效法。

六、民族团结

汉唐向称盛世，汉武帝与唐太宗都是炎黄子孙历史上建树统一大业的英武雄主，但两人对待四方民族的政策却不尽相同。汉武帝主在用兵，偏重威服，而少怀德化，结果是费力多而收效小。唐太宗鉴于汉武帝的治术之失，转而侧重采用德化感召政策，遂深得四夷人心，结果是事半功倍，费力少却收效大，效果十分明显。

在民族问题上，唐太宗采取"全其部落"、"不离其土俗"①"教以礼法，选其酋首，遣居宿卫，畏威怀德"②的民族团结政策与安边主张。唐太宗这种富有远见且充满高度政治智慧的民族团结政策，得到了边疆地区少数民族的热烈支持与响应，产生了良好的政治影响。史载，"四夷君长诣阙请上为天可汗，上曰："我为大唐天子，又下行可汗事乎！"群臣及四夷皆称万岁。是后以玺书赐西北君长，皆称天可汗。"③"是时四夷大小君长争遣使入献见，道路不绝，每元正朝贺，常数百千人。"④这种情况，在中国君主时代可以说是绝无仅有的。能够成为各族共主的天可汗，表明了唐太宗民族政策的巨大成功。

七、结　论

经过贞观君臣的不懈努力，唐初政治昌兴，社会稳定，经济复苏，皇权巩固，百姓安乐。

---

①　（后晋）刘昫等撰：《旧唐书》卷61《温大雅传附温彦博传》，第2361页。

②　（唐）吴兢撰，谢保成集校：《贞观政要集校》卷9《议安边第三十六》，第499页。

③　（宋）司马光编：《资治通鉴》卷193《唐纪九》"三月，戊辰，以突厥夹毕特勒阿史那思摩为右武侯大将军"条，第6073页。

④　（宋）司马光编：《资治通鉴》卷198《唐纪十四》"结骨自古未通中国"条，第6253页。

《旧唐书·太宗本纪下》这样评述唐太宗：

> 用人如贞观之初，纳谏比魏微之日……迹其听断不惑，从善如流，千载可称，一人而已！ [1]

《新唐书·太宗本纪》这样赞说唐太宗：

> 甚矣，至治之君不世出也！禹有天下，传十有六王，而少康有中兴之业。汤有天下，传二十八王，而其甚盛者，号称三宗。武王有天下，传三十六王，而成、康之治与宣之功，其余无所称焉。虽《诗》《书》所载，时有阙略，然三代千有七百余年，传七十余君，其卓然著见于后世者，此六七君而已。呜呼，可谓难得也！唐有天下，传世二十，其可称者三君，玄宗、宪宗皆不克其终，盛哉，太宗之烈也！其除隋之乱，比迹汤、武；致治之美，庶几成、康。自古功德兼隆，由汉以来未之有也。至其牵于多爱，复立浮图，好大喜功，勤兵于远，此中材庸主之所常为。然《春秋》之法，常责备于贤者，是以后世君子之欲成人之美者，莫不叹息于斯焉。 [2]

北宋著名的唐史专家范祖禹说：

---

① （后晋）刘昫等撰：《旧唐书》卷 3《太宗本纪下》附"或曰"，第 63 页。

② （后晋）刘昫等撰：《旧唐书》卷 2《太宗本纪》附"赞曰"，第 48—49 页。

太宗以武拨乱，以仁胜残，其材略优于汉高，而规模不及也。恭俭不若孝文，而功烈过之矣。迹其性，本强悍勇，不顾亲，而能畏义而好贤，屈已以从谏，刻厉矫揉，力于为善，此所以致贞观之治也。夫贤君不世出，自周武、成、康，历八百余年而后有汉，汉八百余年而后有太宗，其所成就如此，岂不难得哉！ ①

由于唐太宗对历史上治理天下成功的经验和失败的教训均具有清醒的认识和总结，因而在社会变革的过程中能够比较成功地处理好各种社会关系——主要是君臣关系、君民关系、政治与经济的关系、民族关系等，他的改革政策和治国措施顺应了历史前进的要求，对推动唐王朝太平盛世——贞观之治的出现起到了积极的作用。

---

① （宋）范祖禹撰：《唐鉴》卷6《太宗下》，上海古籍出版社1984年版，第86页。

附　录

一、主要参考书目

（宋）司马光编：《资治通鉴》，中华书局 1956 年版。

（宋）李昉等撰：《太平御览》，中华书局 1960 年版。

（清）王夫之撰：《读通鉴论》，中华书局 1975 年版。

（后晋）刘昫等撰：《旧唐书》，中华书局 1975 年版。

（宋）欧阳修，宋祁撰：《新唐书》，中华书局 1975 年版。

（唐）刘𫗧撰：《隋唐嘉话》，中华书局 1979 年版。

（唐）魏徵等撰：《隋书》，中华书局 2019 年版。

（清）董浩等编：《全唐文》，中华书局 1983 年版。

（宋）范祖禹撰：《唐鉴》，上海古籍出版社 1984 年版

（唐）刘肃撰：《大唐新语》，中华书局 1984 年版。

（唐）杜佑撰：《通典》，中华书局 1988 年版。

（宋）王钦若等编：《宋本册府元龟》，中华书局 1989
年版。

（宋）宋敏求编：《唐大诏令集》，中华书局 2008 年版。

（唐）吴兢撰，谢保成集校：《贞观政要集校》，中华书局 2009 年版。

（唐）刘知几撰，（清）浦起龙通释：《史通通释》，上海古籍出版社 2009 年版。

（唐）韩愈著，刘真伦、岳珍校注：《韩愈文集汇校笔注》，中华书局 2010 版。

（元）马端临撰：《文献通考》，中华书局 2011 年版。

（唐）白居易著，谢恩炜校注：《白居易文集校注》，中华书局 2011 年版。

（东汉）荀悦撰，（明）黄省曾注，孙启治校补：《申鉴注校补》中华书局 2012 年版。

（清）赵翼著，王树民校证：《廿二史札记校正》，中华书局 2013 年版。

（唐）唐玄宗御撰，李林甫等注：《唐六典》，中华书局 2014 年版。

刘俊文撰：《唐律疏议笔解》，中华书局 1996 年版。

吴玉贵撰：《唐书辑校》，中华书局 2008 年版。

（日）仁井田陞著：《唐令拾遗》，长春出版社 1989 年版。

王双怀，梁克敏，田乙编撰：《帝范臣轨校释》，陕西人民出版社 2016 年版。

赵克尧、许道勋著：《唐太宗传》，人民出版社 1984 年版。

白钢主编：《中国政治制度通史》（第五卷《隋唐五代》），

人民出版社 1996 年版。

　　刘泽华、葛荃主编：《中国古代政治思想史》（修订本），南开大学出版社 2001 年版。

　　李治安主编：《中国五千年中央与地方关系》，人民出版社 2010 年版。

　　黄中业著：《唐太宗大传》，中华书局 2017 年版。

　　郭建主编：《中国法律思想史》（第二版），复旦大学出版社 2018 年版。

　　韩昇著：《唐太宗治国风云录——盛世是这样治理的》，中国方正出版社 2014 年版。

　　齐涛主编：《中国政治通史》（第五卷《繁盛中转型的隋唐五代政治》），泰山出版社 2003 年版。

　　漆侠主编：《中国改革史》，河北教育出版社 1997 年版。

二、唐太宗行政大事记

唐武德九年（626 年），29 岁

六月庚申，秦王世民杀太子建成、齐王元吉及其诸子；甲子，立世民为皇太子。

八月，李渊传位太子世民，是为太宗。

八月，突厥颉利可汗至渭水便桥北，遣人入见；太宗诣渭上，责颉利负约；颉利请和，许之。

十月，立皇子中山王承乾为皇太子；定功臣实封之制。

新罗、百济、高句丽三国互构兵，遣使止之。

唐太宗贞观元年（627 年），30 岁

正月，更定律令，宽绞刑五十条为加役流。罗艺据泾州反，为部下所杀。

二月，大并省州县，分全国为十道。

五月，苑君璋降。

九月，岭南酋帅冯盎、谈殿等互相攻战，十月遣使谕之；盎遣子入朝。

十二月，利州都督李孝常等谋反，事泄，死。定四时选法，并分人于洛州听选；又省并文武官，定员为六百四十三。西突厥统叶护可汗遣使迎公主，颉利可汗挠之。

唐太宗贞观二年（628 年），31 岁

正月，吐谷浑扰岷州。

四月，突厥突利可汗因颉利可汗相攻，遣使求救。契丹首领来降。大发兵击梁师都，败其突厥援军，梁师都为部下所杀。

六月，祖孝孙奏上唐雅乐。

九月，前后共放宫女三千余人。突厥扰边。

是岁，西突厥统叶护可汗为其伯父所杀，国人立统叶护之子为乙毗钵罗肆叶护可汗，互相攻战。遣使册薛延陀俟斤夷男为真珠毗伽可汗。

唐太宗贞观三年（629年），32岁

八月，薛延陀毗伽可汗遣使入贡，突厥颉利可汗惧，请称臣、尚主，不许，且命李靖等击之。

九月，突厥俟斤九人来降。拔野古、仆骨、同罗、奚皆来降。

十一月，突厥扰河西。

十二月，突厥突利可汗来朝。靺鞨遣使入贡。突厥郁射设帅部来降。

闰十二月，东谢、南谢首领来朝。牂柯、充州"蛮"入贡。党项首领细封步赖来降。

是岁，中国人自塞外归及四夷前后降附者一百二十余万口。名僧玄奘赴印度求经。

唐太宗贞观四年（630年），33岁

正月，李靖等败突厥，颉利可汗退碛口。

二月，又大破之于阴山，斩万余级，俘男女十余万口、杂畜数十万，其大酋长皆降，颉利可汗奔苏尼失，

三月，颉利可汗被俘，东突厥亡，漠南之地遂空。四裔君长上太宗号为天可汗。杜如晦死。如晦为当时名相。

四月，分突厥故地为十州，置都督府。

五月，命突利可汗等为都督，分统降众；突厥人入居长安者近万家。

八月，定品官服色。奚、霫、室韦等十余部皆来降。

九月，移思结部落于代州。开南蛮地置二州。

十一月，禁笞背之刑。

十二月，高昌王麴文泰来朝。

是岁，天下大稔，米斗三、四钱；终岁断死刑才二十九人。西突蹶内乱定，共推肆叶护为大可汗。

唐太宗贞观五年（631年），34岁

四月，斛薛部北走，灵州兵击破之。五月，有司奏前后赎回没人突厥者八万口。十一月，林邑、新罗遣使奉献。倭国遣使入贡。

十二月，开党项之地为十六州、四十七县。

是岁，康国求内附，不受。高州总管冯盎入朝。罗、窦二州僚起事，冯盎破之。

唐太宗贞观六年（632年），35岁

正月，静州僚起事，旋败。

三月，吐谷浑扰兰州。

七月，焉耆王突骑支遣使入贡，高昌忌之，遣兵大掠焉耆。西突厥肆叶护可汗为部下所逐，走死康居，国人立咄陆可汗，遣使来附，册封为奚利邲咄陆可汗。

十一月，契苾首领何力来降，处其部众于甘、凉之间。

十二月，纵死囚三百九十人归家，后皆如期回狱，皆赦之。

是岁，党项前后内附者三十万口。

唐太宗贞观七年（633年），36岁

三月，李淳风更造浑天黄道仪成。

五月，雅州僚起事，旋败。

八月，龚州僚起事。

十二月，嘉、陵二州僚起事，旋败。

唐太宗贞观八年（634年），37岁

正月，压服龚州僚。以李靖等为黜陟大使，分赴诸道。

六月，遣段志玄等统边兵及契苾、党项之众二道击吐谷浑。

十月，破之，追至去青海三十里，不及而还。

十一月，吐蕃赞普弃宗弄赞遣使入贡，请婚。吐谷浑扰凉州。

十二月，李靖为行军大总管，督五总管兵击吐谷浑。西突厥咄陆可汗死，弟沙钵罗咥利失可汗立。

唐太宗贞观九年（635年），38岁

正月，党项降者皆叛，附于吐谷浑。

三月，洮州羌杀刺史，附于吐谷浑，旋平。

四月，李靖等屡败吐谷浑。

五月，又追破之，其可汗伏允欲走于阗，为部下所杀，国人立其子顺为主。靖奏平吐谷浑，诏复其国，以顺为趉故吕乌甘豆可汗。太上皇死。

七月，党项扰叠州，其首领拓跋赤辞以唐将侵掠，率部反击，杀唐兵数万。

十月，西突厥处月部遣使入贡。

十一月，吐谷浑甘豆可汗为其部下所杀，子诺曷钵立，国中大乱。

十二月，命侯君集援之。

唐太宗贞观十年（636年），39岁

正月，东突厥残部答布可汗阿史那社尔击薛延陀，大败，走保高昌，帅众来降，命处其部落于灵州之北。

三月，以吐谷浑王诺曷钵为乌地也拔勤豆可汗。

十二月，朱俱波、甘棠遣使入贡。

是岁，更府兵制，改统军为折冲都尉，别将为果毅都尉；凡置府六百三十四。

唐太宗贞观十一年（637年），40岁

正月，房玄龄等更定律令成，除古死刑太半，变重为轻者甚多。

三月，房玄龄等上所定新礼。

六月，诏诸王二十一人、功臣十四人所任刺史，令子孙世袭。

唐太宗贞观十二年（638年），41岁

正月，高士廉等撰上《氏族志》，以崔氏为第一；诏更订，以皇族为首，外戚次之，崔氏为第三，凡二百九十三姓，颁行之。

二月，巫州僚起事，旋败，被俘者三千余口。

七月，吐蕃赞普弃宗弄赞以唐拒请婚，起兵攻吐谷浑，破诸羌，进攻松州。

八月，遣侯君集等分道击吐蕃。霸州山僚起事，杀刺史。

九月，吐蕃败，谢罪，复请婚，许之。立薛延陀真珠可汗二子为小可汗，以分其势。

十月，巴州僚起事。钧州僚起事，旋败。

十一月，明州僚起事，旋败。

十二月，大败巴州僚，俘万余口。

是岁，西突厥内乱，西部立乙毗咄陆可汗，与咥利失可汗分治。突厥处月、处密二部与高昌共侵焉者，掠千五百人。

唐太宗贞观十三年（639年），42岁

二月，停诸王、功臣子孙世袭刺史之令。以高昌王麴文泰阻西域朝贡，掠伊吾、焉者，遣使责之。

三月，薛延陀可汗请击高昌，遣使与谋进取。

四月，突厥突利可汗之弟结社率阴结旧部谋乱，被杀。击巴、璧、洋、集四州反僚，虏六千余口。

六月，渝州人侯弘仁自牂柯开道，经西赵，出邕州，以通交、桂、蛮、俚人降者二万八千余户。

七月，令突厥、诸胡安置诸州者皆还漠南旧地，拜李思摩为乙弥泥孰俟利苾可汗以统之，并谕薛延陀不得逾漠侵陵。

十二月，遣侯君集等击高昌。

是岁，凡有州府三百五十八，县一千五百五十一。西突

厥咥利失可汗为部下所逐，走死铍汗，国人立其弟子为乙毗沙钵罗叶护可汗，与西部咄陆可汗分别建南庭、北庭，以伊列水为界。

唐太宗贞观十四年（640年），43岁

二月，国子监生徒多至八千余人，高句丽等国且遣子弟来学。令孔颖达等撰定《五经正义》，以资讲习。诏求近世名儒子孙。

三月，破罗、窦诸州僚，俘七千余口。流鬼国在靺鞨北，向未通中国，至是遣使重三译入贡。置宁朔大使以护突厥。

八月，侯君集等至碛口，麹文泰忧惧死，子智盛立。兵至城下猛攻，智盛出降，得二十二城。

九月，分高昌旧境立西、庭二州，置安西都护府于交河城；焉耆土地人民前为高昌所掠夺者皆还之。

十月，吐蕃赞普献金宝请婚，许以宗女文成公主妻之。

唐太宗贞观十五年（641年），44岁

正月，文成公主归于吐蕃，赞普喜，稍革旧俗，遣子弟至长安入国学。

四月，吕才等上所刊定阴阳杂书。五月，百济来告前王扶余璋死，遣使册其子义慈为王。

七月，西突厥乙毗咄陆可汗使石国吐屯击沙钵罗叶护可汗，擒杀之。

十一月，薛延陀真珠可汗发诸部兵渡漠侵突厥，俟利苾

可汗帅部退保朔州，遣使告急；遣将分道救之。

十二月，大败薛延陀，斩三千余级，俘五万余人，溃至漠北者人畜冻死什八九。

唐太宗贞观十六年（642 年），45 岁

正月，魏王泰上《括地志》。徙死罪者实西州，犯流徒则充戍。敕括浮游无籍者。

七月，禁为避赋役伤残肢体者，据法加罪，仍从赋役。

九月，薛延陀真珠可汗献马及貂皮以请婚。西突厥乙毗咄陆可汗灭吐火罗，拘留唐使，侵西域，扰伊州，又遣处月、处密部犯天山；安西都护郭孝恪击走之，乘胜攻处月，收降处密而归。乙毗咄陆可汗西击康居，道破米国，赏罚不平，其下逐之，立乙毗射匮可汗，乙毗咄陆可汗奔吐火罗。

十月，凉州契苾部奔附薛延陀，劫左领军将军契苾何力同往，何力不屈；因遣使许薛延陀婚，何力得还。

唐太宗贞观十七年（643 年），46 岁

二月，图功臣二十四人像于凌烟阁。

三月，齐州都督齐王佑据州抗命，私署官职，遣李勣等讨之，未至，佑已为部下所擒，事平。

四月，太子承乾谋反事发，废为庶人，同谋者侯君集等皆弃市；立晋王治为皇太子。

六月，薛延陀真珠可汗遣使纳币，献驼、马、牛、羊十余万，多道死；借口聘礼未备，停其婚。遣使册封高句丽王藏。

九月，新罗为百济、高句丽所攻乞援，遣使谕高句丽止兵。

唐太宗贞观十八年（644年），47岁

七月，以高句丽不听谕告，决意兴兵击之，令洪、饶、江三州造船以运军米，并发幽、营二府兵及契丹、奚、靺鞨之众先攻辽东以试之。

九月，焉耆王突骑支附西突厥，安西都护郭孝恪击之，俘突骑支，西突厥来救，亦败走。孝恪去，焉耆立薛婆阿那支为王。高句丽莫离支泉盖苏文贡白金，却之。

十一月，命张亮、李勣统军分由海陆击高句丽。

十二月，诏新罗、百济、奚、契丹分道并举高句丽。突厥余部数为薛延陀所攻，渡河，处之于胜、夏之间，召其俟利苾可汗李思摩还朝为右武卫将军。

唐太宗贞观十九年（645年），48岁

正月，帝亲攻高句丽，自将诸军发洛阳。

四月，李勣等至玄菟，张俭破高句丽兵于建安。李勣等寻拔盖牟城，获二万余口。

五月，张亮等拔卑沙城，获八千口，耀兵于鸭绿水。李勣等进至辽东城，败高句丽救兵。帝至辽东，李勣等拔其城，杀获五万口，以其地为辽州。旋进至白岩。

六月，白岩城主开城降，获万余口，以其地为岩州。以盖牟城为盖州更进至安市，高句丽兵来救，大败，死二万余，其帅以所部三万六千余人降。

九月，薛延陀真珠可汗死，子拔灼立为颉利俱利薛沙多弥可汗。以辽左早寒，安市城猝不能下，诏班师，拔辽、盖二州民入内地。

十二月，薛延陀多弥可汗数扰河南，派兵分道御之。停四时选，仍从旧制。

是岁，裴行方击茂州起事之羌，大破之。

唐太宗贞观二十年（646 年），49 岁

正月，薛延陀多弥可汗扰夏州，大败，遁归。遣官二十二人以六条巡察四方。

三月，帝还至长安。闰三月，罢辽州及岩州。

五月，高句丽遣使谢罪。

六月，西突厥乙毗射匮可汗遣使入贡，且请婚，许之，命割龟兹等五国为聘礼。遣将分道击薛延陀，多弥可汗惊遁，回纥杀之，遂据其地。薛延陀余众共立咄摩支为伊特勿失可汗，寻去可汗之号，遣使奉表，犹持两端。遣李勣与敕勒九姓共图之，李勣至，虏三万余口。

七月，咄摩支至长安。

八月，敕勒诸部回纥、拔野古、同罗、仆骨、多滥葛、思结、阿跌、契苾、跌结、浑、斛薛等各遣使入贡。

九月，帝如灵州会其俟斤。

十二月，回纥、仆骨、多滥葛、拔野古、同罗、思结、浑、斛薛、奚结、阿跌、契苾、白霫首领皆来朝。

唐太宗贞观二十一年（647年），50岁

正月，以回纥等地分别为府州，命其首领为都督、刺史有差；惟回纥首领已自称可汗，官号皆仿突厥。

三月，遣牛进达、李勣等分由海陆击高句丽。

四月，置燕然都护府，统新立敕勒诸部府州。

五月，李勣等至高句丽境，无功而还。

七月，牛进达由海道入高句丽境，拔石城。

八月，骨利干遣使入贡。

九月，命江南十二州造大船，欲以击高丽。

十月，奴刺部来降。

十一月，东突厥余部乙注车鼻可汗遣使入贡。

十二月，西赵首领赵磨来降。龟兹王伐叠死，弟词黎布失毕立，侵渔邻境，诏郭孝恪等击之。高句丽王遣子谢罪。

唐太宗贞观二十二年（648年），51岁

正月，遣薛万彻等由海道击高句丽。

二月，结骨首领来朝，以其地为都督府。

四月，梁建方破松外蛮，前后内附者七十部、十万余户，因通西洱河，降其诸部。契丹首领曲据来降，以其地为玄州。西突厥叶护阿史那贺鲁帅众来降，处之于庭州。

五月，王玄策以吐蕃、泥婆罗兵破擒中天竺帝那伏帝王阿罗那顺，俘万二千人。

六月，以白霫别部为居延州。

七月，令剑南道造大船。

八月，令婺、洪等州造海船，备击高句丽。命执失思力击薛延陀余部。

九月，命阿史那社尔击降处月、处密二部。雅、邛、眉三州僚以苦造船之役，群起反抗，发兵击之。

十月，回纥内讧，杀其首领。阿史那社尔击焉耆破之，杀其王薛婆阿那支，立先那准为王，乘胜进击龟兹。

十一月，契丹帅窟哥、奚帅可度者率部来降，分以其地为府州。置东夷校尉官于营州。

十二月，阿史那社尔拔龟兹，其王布失毕走保拨换城。

闰十二月，西突厥援龟兹，袭杀安西都护郭孝恪，旋为唐兵击退。擒龟兹王布失毕，阿史那社尔平龟兹，立叶护为王。命阿史那贺鲁击西突厥之未服者。新罗相金春秋来朝。

唐太宗贞观二十三年（649年），52岁

正月，徒莫祇等部来降，以其地置四州。遣高侃击东突厥车鼻可汗。拔悉密部来降，以其地置新黎州。

五月，太宗死，太子治嗣，是为高宗，罢辽东之役。